股海勝經

綠角 著

No.1財經部落格主的指數化投資法

我是個醫生也是個投資人

　　當我步入職場開始工作之後，我體會到做為一個醫生和投資人截然不同的感覺。面對患者的問題，我有七年的學校理論教育和四年的住院醫師臨床訓練做我的後盾，讓我有能力也有信心著手治療。但面對自己辛苦賺到的金錢，想著該如何投資時，我發現自己卻是腦袋空空如也，一無所知。

　　是否，我就要在完全不瞭解金融市場運作本質時就先進場？是否，因為自身的識見淺薄，我就要完全聽從金融專業人員的建議，他們怎麼說，我就怎麼做？

　　面對這樣一個深不見底的知識匱乏，我開始了一段自我學習的過程，並成立「綠角財經筆記」部落格，記錄這段歷程中的所見所聞。

　　在這段累積知識的過程中，漸漸的，我發現投資是個有趣的領域。它牽涉廣泛，不僅包括金錢的運作規則，也涵蓋投資人的心理狀態。它時大時小，可以用整體資本市場的角度觀察，也可以用0.01%的利率變化來看。光是瞭解這些知識就足以帶來追求新知的滿足。

　　我也發現，投資其實可以很簡單。你不需要通盤瞭解複雜的財金學理，也可以成為一個很好，或甚至可以說是很厲害的投資人。

　　在各種專業領域中，高超的技巧往往來自經年累月的練習與琢磨。但在投資世界，卻有一種簡單且威力強大的投資心法。它簡單，因為就算投資人是第一天開始投資也可以馬上開始使用。它強大，因為它保證讓你打敗一半以上的同期市場參與者。這個方法就是本書主題——指數化投資。

　　假如投資問題複雜如神廟上錯綜複雜的戈迪安繩結，那麼指數化投資概念便是亞歷山大手上的利劍，一刀揮下，給你個乾淨俐落的答案。

　　看起來複雜難解的問題，答案卻往往是出乎意料的簡單。

　　我相信正看著這段文字的讀者和綠角一樣，有自己的本業卻同時也是位投資人。「投資人」這三個字其實是最多人擁有的職銜。而如何做好這份身為投資人的「職業」，其實和我們其它的生活角色一樣重要。

　　以此書獻給同在投資路上的朋友，也希望大家能在投資之中享受生活，在生活之中享受投資。

一本客觀且深入淺出的
指數化投資寶典

黃國華

　　綠角兄一直是我很欣賞的財經部落格主之一，我曾受邀擔任第一屆優良財經部落格評鑑的評審，綠角部落格是在三、四十個財經投資類的部落格當中，被我評為第一名，其理由並非綠角兄有什麼三頭六臂的功夫可以預知行情，也不是綠角部落格報出什麼明牌讓網友賺大錢，而是基於下列兩點，讓我相當推崇這位後進：

　　一、**真誠的出發：**綠角兄並沒有在部落格人氣直線上升之後，開始從事報明牌、收會員這種檯面下的行為，當一個人擁有高知名度後卻沒有受到不當的誘惑，實在值得給他一些掌聲，也正因為這樣的堅持，所以他的分析始終保有相當的客觀性。

　　二、**數據的執著：**許多財經專家的論述往往因為流於耍嘴皮的咬文嚼字而顯得內容空洞，不然就是陷入技術線型的迷惘而成為畫線的投資術士，綠角兄的文章堅持用整體客觀的數據與合乎邏輯的推演，去論述屬於自己的投資理論，我認為只要假以時日，綠角兄將很有機會成為台灣

新一代的投資理論宗師。

這本《股海勝經——No.1財經部落格主的指數化投資法》是綠角兄用指數化投資工具去闡述自己的投資中心思想，也藉由此投資理念為一般散戶投資人解決了投資的六大盲（茫）點。也就是一：選到地雷股，二：不會選股，三：基金經理人的操守問題，四：選到後段班的基金，五：一窩蜂的搶在最高點，六：績效落後給大盤。綠角提出指數化投資的觀念，用簡單易懂的數據來說明指數化投資的重要性與必要性，並引據大量的證明數據來印證指數化投資的績效，不論是台灣還是海外，都可以輕鬆的擊敗大部份的基金經理人。

當然不可諱言，坊間談論指數化投資的書籍相當多。但可惜的是，其中有部分為國外著作，不僅在閱讀上與讀者產生距離，甚至還有些書籍具有翻譯上的盲點。另外則有些書籍是由金融業者所發行，這不免讓人對其客觀性產生質疑。因此毫無疑問的，**綠角兄這本《股海勝經——No.1財經部落格主的指數化投資法》是中文書籍中第一本能以客觀角度，深入淺出介紹指數化投資的著作。**內容除了指數化投資的分析以及須具備的正確觀念外，還逐步介紹ETF的投資方法，讓投資人可以一步步跟著操作。

台灣的股市中充斥著各種人為的炒作，特別是那些惡名昭彰的中小型股票，如果投資人不願意淌那種充滿著

邪惡的炒股混水，更不敢冒著被大戶名嘴坑殺的風險，那麼指數化投資便是兼顧收益與風險的工具，與其去投資那些讓人無法安心入眠的小型股，不如用一種健康與健全的投資觀念去面對指數化投資，而綠角兄的這本《股海勝經──No.1財經部落格主的指數化投資法》正是一本可以讓投資大眾學習指數化投資的客觀導讀首選。

（本文作者為知名財經、小說與旅遊作家，並為木桐文化創辦人兼總幹事）

目‧錄**CONTENTS**

Part 1

指數化投資總訣：
正確的概念，正確的態度

第一章

柏格先生的投資革命

你的投資哲學是什麼？或許你可以用以下幾個問題來自問：

1. 你是否嘗試自行挑選股票，但又深怕選到地雷股或落後大盤的後段班股票？
2. 想要買基金時會請經理人代為操作，但面對琳瑯滿目的基金卻又不知該如何下手？
3. 用星級評等或其它方式挑選績優基金並買進之後，基金的良好表現似乎就中止了？
4. 手上的基金在市場漲7%時只漲1%，在市場跌1%時卻跌7%，讓你懊惱不已？
5. 當媒體、業者一致看好某些產業時，買進相關基金卻招致嚴重虧損？
6. 看到市場大漲時，急於進場參與，卻又怕買在高點；當市場大跌後，看到慘不忍睹的景況，雖明知要低點進場，卻又沒這個勇氣？

　　這幾個問題不僅困擾剛開始投資的理財新鮮人，甚至連在市場中翻滾多年的老手也深為所苦。那麼是否有一種理財概念，可以讓投資人徹底解決這些問題，獲得超越平均的投資成績呢？

　　答案是肯定的，那就是指數化投資。

　　這個讓一般投資人徹底擺脫上述那些惱人問題的投資概念起源於三十多年前，是一位美國基金業者的創舉。

　　這位基金業者名叫約翰‧柏格（John Bogle）。1974年柏格先生四十五歲時，離開威靈頓資產管理公司後自行成立一家基金公司，取名為Vanguard（先鋒）。

　　這家基金公司在當時有件驚世駭俗的創舉。

　　當時資產管理業者和投資大眾相信的是「大人物理論」。也就是說，績效卓越的捷徑在於找到投資界的大人物擔任經理人，將資金託付給他。藉由這位大人物卓越的選股能力帶給投資人優異的績效。

　　所以，每支基金與它們的經理人就是一位位大人物候選人。投資人便將金錢與希望託付其中。

　　但新成立的Vanguard基金公司推出給投資大眾的基金居然是指數型基金，也就是以複製指數表現為目的的基金。例如今年市場漲10%，指數型基金就漲10%。市場跌20%，指數型基金就跌20%。這種基金只追求市場平均指數，不號稱有什麼超越市場的成績。指數內有什麼股

票，基金就持有什麼股票。指數漲跌多少，基金就亦步亦趨的跟著。

這支基金推出時曾受到同業的嘲笑。當時富達董事長強森先生直稱：「投資人豈會滿足於平均的成果。」對手甚至在海報上直指，指數型基金不是美國人做事的方法。

但在三十四年之後，推動指數型基金起家的Vanguard公司在2008年的管理總資產高達1.11兆美元，超越了富達，成為全美最大的資產管理業者。

2008年全球股市重挫，但Vanguard旗下的標普500指數型基金，投資人仍持續買進，基金資產呈現淨流入。2008年11月30日，該基金資產總值748億美元（超過2兆台幣），為全球規模最大的股票型基金之一。

是怎樣的投資觀念能讓當初開始推行它的基金公司在三十年後廣受投資人擁戴，讓它坐上資產管理的龍頭寶座？是怎樣的投資觀念能讓投資人在全球股市重挫之際，仍有加碼投入的勇氣？

在歐美國家，指數化投資已經是一個耳熟能詳的名詞，也是許多投資人（包括法人和散戶）力行的投資方法。但身在台灣的你是否仍對這個優異的投資概念一無所知呢？

我們來看一下指數型基金的實際成績。下表是截至2006年止，Vanguard標普500指數型基金與同類型基金

的平均報酬率：

截至2006年6月30日止的年化報酬率

項目	1年	5年	10年	20年
標普500指數型基金	8.49%	2.37%	8.24%	10.86%
美國大型股基金平均	7.47%	0.68%	6.79%	9.45%
指數型基金贏	1.02%	1.69%	1.45%	1.41%

　　請不要小看最後一欄，看起來二十年似乎「只」差了1.41%的績效。但假設一開始投入1萬元，指數型基金10.86%的年化報酬在二十年之後會讓這1萬元成長為78,614元。而一般基金二十年9.45%的年化報酬則會讓1萬元成長為60,858元，比78,614元少了22%。

　　由於指數化投資工具不僅帶來超越平均的長期成績，指數化投資人更有在低點持續投入的勇氣。因此這個投資方法從推出之際的受人嘲笑，轉變為今天的廣受擁戴。原因無它，只因它太有說服力，而且**實際有效**。

　　在瞭解這個投資概念之後，你將擺脫挑到壞股票的恐懼、選到爛基金的悲哀、跳脫追高殺低的輪迴、解決追逐熱門的通病。假如你有這些問題，那麼指數化投資將是你的除病良藥。假如你才剛開始考慮要如何進行投資，那麼指數化投資更是你應該考慮的選項。

第二章

從頭話投資：市場獲利的真相

整體無法高於平均

　　整體股市投資人從市場裡到底得到怎樣的報酬呢？答案其實不難找，我們只要看市值加權股價指數即可得知（這裡用股市為例，但這論點同樣適用於債券市場）。

　　就以投資朋友最熟悉的台灣股票市場為例。最常被引用來描述市場表現的台灣證券交易所發行量加權股價指數（簡稱加權股價指數），就是一個市值加權的指數。從它的變化我們就可以知道整體投資人的表現。

　　譬如2008年，加權股價指數下跌了46.03%。也就是說，在2008全年，參與台股的投資人平均受到了46.03%的損失。

　　-46.03%指的是，所有參與台股投資的人，不論是散戶還是法人，是台灣人還是外國人，是初入市場還是身經百戰，這一整群人，整個年度從台股拿到的報酬就是-46.03%。所有台股投資人的平均報酬正是-46.03%。

　　在一個整體下跌46%的市場裡，投資人平均報酬有可能是+10%嗎？或是在一個整體下跌46%的市場裡，投資人的平均報酬卻是-100%嗎？

　　答案都是不可能。

　　上市股票必定爲投資人所共同持有。在全年下跌46%的慘況中，假如有投資人因爲持有逆勢上漲的股票賺了+10%，那麼另一端必然有投資人因爲持有比大盤下跌得更激烈的股票，而拿到比市場平均更差，譬如像是-80%的報酬。

　　在2008年起伏波動，但整體趨勢是一路下滑的台股走勢中，假如有投資人進出點不錯，賠得比大盤少，或甚至賺錢，那麼另一端就一定有人進出點非常不好，賠得比平均多。但他們整體平均就是在-46%的成績。

　　因爲-46%是台股2008年的平均成績，所以我們也可以說，有一半的投資人報酬會比-46%好，譬如是-30%、-20%或甚至是賺錢的+10%。而另一半的投資人報酬會比-46%差，譬如-50%、-60%或甚至是快賠光的-90%。

　　2008年的下跌讓許多人傷心，但這個原則不論是在上漲或下跌的年度都一樣適用。譬如在2007年，加權股價指數上漲8.72%，那麼整體投資人拿到的報酬就是這個數字，一半的人拿到高於8.72%的報酬，而另一半人的報

酬則必定低於8.72%。

　　這個原則不只在台灣成立，也適用於其它國家的股市。譬如美國標普500指數也是個市值加權指數。在2008年，標普500下跌了37%，也就是說參與買賣標普500指數成份股的投資人，全體平均報酬就是-37%。

　　台灣是這樣，美國是這樣，英國也還是一樣。用全市場加權股價指數來進行衡量，那麼某國、某地區的市場參與者中，必然有一半高過平均，另一半遜於平均。

　　這個原則裡的期間範圍不只適用在以年為單位，也適用於每月、每週、每天等任何時間單位。假如某天加權股價指數上漲了2%，那麼在這一天，全體參與台股的投資人拿到的平均報酬就是2%。

　　一半的人勝過平均，一半的人輸給平均。這是個不論上漲或下跌，不論國家或地區，不論是一天或十年，不論何時何地，都均一適用的簡單規則、必然現象。

等等！這還沒計入成本

我們說全體台股投資人在2008年拿到-46%的報酬，其實是高估了。為什麼？因為投資要成本。

投資成本可以簡單的分成幾方面，包括券商交易手續費、政府課稅、委託他人操作的經理費、買進投資產品的手續費和買投資訊息的費用。

我們以民國96年，這個台股呈現正報酬的年度為例說明。

從台灣證券交易所的公開資訊中可以查到，民國96年全年股票交易量總值是台幣33,043,848,420,589元，這是個很大的數字，我們可以簡稱為33兆。

政府對賣出者收取0.3%的稅金，而每一筆成交一定是一買一賣，所以民國96年政府可以從這33兆多的成交金額中收取990億的稅收。

每筆成交的買賣雙方，券商都要收取0.1425%打折後的費用（折扣視每家券商規定而不同），假設打5折好了，那麼券商可以從這33兆的成交金額中拿到470億的手續費。（計算方式：成交金額×2×0.1425%×0.5）

　　有的投資人不是直接購買台股，而是藉由台股基金參與股市。從投信投顧公會的公開資料中，我們可以查到民國96年，台股基金的整體平均資產規模是3,813億台幣。

　　就以台股基金最普遍的1.6%經理費和0.15%保管費來估算，台股基金投資人在這一年便付出了67億台幣的費用。

　　整體投資人在民國96年共買進了5,758億台幣的台股基金，假設買進手續費是1%的話，那麼投資人便支付了約57億台幣的買進手續費。

　　到目前為止我們看到四個費用，政府課稅、券商手續費、基金內扣費用（經理費及保管費）、買進手續費，這四項加起來，總共是990億+470億+67億+57億，也就等於1,584億台幣的費用支出。

　　台股整體市值在民國95年年底是19.4兆。加權股價指數在民國96年上漲了8.72%。估算整體投資人能拿到的報酬是1.69兆。

　　這1兆6900億的收入必須扣除上述1,584億的支出，才是投資人實際拿到的收益。這些費用將近占了整體股市收益的$\frac{1}{10}$。

　　這還只是可見好算的費用估計，還沒有計入投資人透過平衡型基金和跨國型基金間接參與台股的費用，和投資人花錢加入會員，聽老師指令進出的費用。

　　試想，如果在這一年中，券商爲了提供投資人更好的服務，把0.1425%的費用提高兩倍，成爲0.285%。基金公司把經理費從1.6%拉高到3.2%。政府也把證交稅提升兩倍，從0.3%拉高到0.6%。那麼整體投資人的報酬會如何？一定會更差。

　　投資人花掉愈多的費用，一定會拿到更差的報酬。

　　上面說的是上漲的市場。在2008年，台股市值從21兆台幣跌到11兆。在這嚴重的資產減值中，整體投資人已經支付的幾千幾百億交易成本，一定會讓自己的損失更加慘重。

　　在上漲的市場中，成本就像是蛋糕上的螞蟻，讓利潤變少了。而在下跌的市場裡，成本就像在傷口上灑鹽，讓狀況變得更加嚴峻。

　　投資人在參與市場時所花費的成本都有其理由。他們明白這些成本的存在與意義，但他們卻希望這個花了成本的投資動作，可以爲他們的投資帶來更多助益，讓他們得到的比花費的更多。

　　投資人總是如此期待著。但卻不知道這些成本正是整體投資人報酬不如市場平均的**根本原因**。

　　試想，在一個擁有10%報酬的市場裡，整體投資人如果花費了2%的成本，那麼他們有可能會有20%的報酬嗎？不，一定是10%減2%，也就是8%的報酬。**投資人**

花費了多少成本，那麼他們遜於平均報酬就會有多遠。券商的手續費、基金業者的經理費、金融產品代銷通路的收入、老師的所得、國稅局的入帳，這些錢，**全部**都是從投資人口袋中拿出來的。

也就是說，當投資人都希望花了點錢可以多得到些什麼時。事實上卻是，他們花掉多少，他們的報酬就因此而少掉多少。

投資世界是你花費愈多，得到的就愈少。這與日常生活經驗完全不同。當你上市場時，你花費較多的錢可以拿到更多或更香甜的水果。上館子時，你花費較多的錢就有更多或是更精緻美味的菜餚。生活經驗通常是你花得愈多，你就會得到愈多。

但投資不是。

因為投資的成果就是金錢。整個市場環境就只提供投資人那麼多的報酬。任何用於投資的成本都是直接從你的投資成果中扣除。投資人花費愈多，就會遜於平均報酬愈多。

而且不是只有台灣這樣。在其它國家，基金一樣要經理費、買賣股票一樣要費用、政府一樣要課稅。所以全球投資人所能拿到的，都不是指數顯現出來的平均報酬，而是指數扣除成本後的數字。

理論上，假如投資不須成本、不用繳稅，那麼整體投

資人將可以拿到指數報酬，一半的人高於指數，一半的人則低於指數。

　　但實際上，投資要成本、要繳稅金，所以整體投資人的平均報酬將遜於平均指數。

　　也就是說，假如你能拿到很貼近指數的報酬，那麼你已經勝過一半以上的市場參與者了。就如下圖所示：

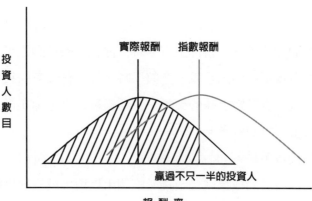

有賺才敢大聲

　　這時就有讀者會問了，有那麼糟嗎？我明明就在網路討論區看到，或是身邊就有親友在下跌的市場裡還是賺大錢。他們可能是靠自己進出股市，或是訂閱某老師的訊息，或是買到超越大盤的基金，因而拿到遠遠超越平均的成績。

　　這裡有個很重要的觀念需要建立。我們可以把高過市場平均的那一半投資人稱做光明歡愉的一面，把低於市場平均的那一半叫做黑暗悲傷的一面。

　　2008年台股下跌46%。假如你自己的成績是-60%的話，你會跟身邊的親友說，還是在網路上發表嗎？這是值得討論的事嗎？你願意讓別人知道嗎？

　　假如在下跌46%市場中，你的成績是+10%，你會不會很想跟身邊的親友說，或在網路討論區發表一下，讓眾人分享你的喜悅（或是知道你的厲害）？

　　假如市場下跌46%，而某基金的成績是-70%，這支基金會拿年度基金經理人大獎嗎？假如市場下跌46%，而某老師推薦的股票跌了7成，這個老師或他的會員會到處

張揚嗎？答案顯而易見。

你在檯面上看到的，一定都是高過平均，光明歡愉的那一面。但假如你能綜觀全局，你就會知道有人可以在下跌的市場裡賺了錢，那麼另一端就一定有人輸得一敗塗地。假如有基金勝過平均，那麼就一定有基金輸給平均。假如有老師打敗大盤，就一定有老師被大盤打敗。

光明的另一面必是黑暗。既有人處於平均之上，那麼必有人處於平均之下。

當你看到在下跌中賺錢、報酬超越平均的人，以為這就是參與市場比較可能的結局時，那麼你恐怕正犯下一個觀點上的誤差，一個太常見卻又難以自覺的偏差。

這叫**生存者誤差**。譬如看到王建名功成名就，然後就認為這是投手之路的必然，這就是一樣的偏差觀點。太多人不知道的是，有多少曾以棒球為職志的青年連國內的職棒都打不到。有多少想要賺錢的投資人卻是在市場潰敗慘輸。這些人都不會在檯面上出現，但這些失敗者確確實實存在著。

第三章
挑選股票：一個付出太多
得到太少的遊戲

是能力還是運氣？

你也許會說，作者真是太愛開玩笑了。我本來就知道
有一半會在平均之上，一半會在平均之下的道理。那麼簡
單的原則我怎麼會不知道呢？所以我才要努力挑選股票，
讓自己成為平均之上的那一半啊！

的確，成功且持續的挑選到正確的股票，是讓投資人
處於平均之上的解決方法之一。這種試圖藉由挑選股票，
達到超越市場平均報酬的投資方法，稱為主動投資。

但這個方法的實際效用如何呢？我們可以先仔細研究
一下。

在這之前，我們可以先看如何驗證超能力的存在。超
能力與選股技巧有什麼相關？這也差太多了吧！且聽我慢
慢道來。

心理學界對超能力相當有興趣，也一直在研究超能力
是否真的存在。其中一種超能力被稱為第六感，是指人類

在視覺、味覺、嗅覺、聽覺和觸覺五種知覺以外的感覺。

其中一種驗證第六感的方法是這樣的。施測者手持五種紙牌，紙牌外觀完全相同，但上面畫的圖型不同，分別是圓形、方形、三角型、菱形和直線。施測者隨意抽取一張紙牌，但不讓受測者看到紙牌上的圖形，請受測者從這五個答案裡擇一回答。連續抽20次紙牌，問受測者20次，記錄受測者答對幾次。

這是個很簡單的實驗。假如某人在這20個問題裡答對了8題，那麼這個人真的有很強的第六感嗎？

運用簡單的數學原理可以算出，在這樣五選一的20個題目裡，要單憑運氣答對8題以上（包括8題）的機會是3.2%。也就是說，假如一個人沒有任何超能力可供運用，全憑猜測做答。那麼重覆進行這個20題的測驗100次，他就可能會有3次答對8題以上。所以這個現象是有可能發生，但機會不高。因此說不定這個人真有具有超能力，那要如何驗證呢？

很簡單，你一定想到，只要再測一次就可以驗證了。假如受測者真有某種程度的超能力，那麼他在接下來的測驗中還是可以繼續維持高水準的正確率，像是依然答對八題或甚至更多。可是若他憑的是運氣，那麼我們將可以看到他無法維持那麼高的正確率。

概念很簡單。想知道某一個現象**到底是能力還是運氣**

所造成的，最核心的關鍵就在於**能否持續**。假如眞有這種能力，我們將可以看到這個能力帶來的持續效果。假如靠的是運氣，我們會看到效果起伏不定。

再舉個例子。運動競技是公認需要能力和技巧的。下屆奧運自由式游泳冠軍的熱門得主是誰，你會想到美國名將菲爾普斯。但有沒有可能下次奧運他連前三名都拿不到？還是落到幾百名，連會前賽都進不去？這是有可能的事，但機會很小。因爲他有能力，他游出佳績的可能性是非常大的。正因爲他靠的是能力不是運氣，所以我們預期他在競賽中將有傑出的表現。而事實上，上一屆奧運金銀牌得主，往往就是下一屆奧運熱門奪牌選手。

那麼我們回頭來看「選股技巧」。和運動一樣，選股也是公認需要能力和技巧的。經由適當的訓練、聰明的頭腦、小心的觀察，可以讓投資人選到表現較好的股票，賣掉表現不佳的股票。

不過和運動不同的是，運動技巧是存在的，但世界上幾乎沒有選股技巧這個東西。

爲什麼？因爲選股技巧無法帶來持續優異的表現，它沒有持續性，所以它不是一種技巧或能力。即使它眞的是一種技巧和能力，目前看來，也幾乎沒有任何人類可以掌握這個能力。

這不是能力所帶來的成績

空口無憑，我們來看些證據。

投資界最常號稱自己有「選股技巧」的人是誰？大家一定馬上聯想到基金經理人。投資人付出的經理費就是購買經理人的選股技巧，希望藉由經理人的技巧和能力為自己帶來優異的報酬。這種仰賴經理人的選股能力，期待能為自己帶來更高報酬的基金，就是主動型基金。而單純追蹤指數、複製市場報酬的指數型基金，則屬於被動型基金。主動型基金經理人如何表現他的能力呢？我們可以看看以下幾個例子。

自1973年開始，《富比士雜誌》（Forbes magazine）每年選出十幾支基金列入它的基金榮譽榜裡。富比士基金評比看的是多方面的表現，包括過去十年的表現、七年以上持續穩定的經理階層和多空頭時的表現等等。這份榮譽絕不亞於晨星的五星評等。

1992年，柏格先生在《投資組合管理期刊》（Journal of Portfolio Management）上發表了〈股票型基金的選擇〉一文。文中檢視一個問題，自1974到1990年間被列

入富比士基金榮譽榜的基金，在接下來的年度是否能打敗同類型但非榮譽榜上的基金？

結果是，兩者平手。榮譽榜基金和非榮譽榜基金的表現並沒有顯著差異。假如基金經理人選擇股票就像投手投球是種能力的話，那麼你在這個研究裡看到的現象就相當於，以過去優異表現挑選出來的優秀投手，其日後表現和一般投手並無二致。

好投手很會投球，但好經理人真的會挑股票嗎？

接著我們來看看台股基金的表現。根據台大財金系教授編製的台股基金評比，我們可以看到2006年單年報酬率前十名的基金，它們在2007年報酬的排行。

基金名稱	2006年排名 （共176支基金評比）	2007年排名 （共175支基金評比）
德信大發	1	159
群益創新科技	2	153
傳山高科技	3	155
大華大華	4	4
寶來績效	5	173
建弘小型	6	141
大華中小	7	3
元大店頭	8	98
德信數位時代	9	114
金鼎概念型	10	59

從上表中我們可以清楚看到，2006年單年報酬排名前十名的台股基金，除了兩支（大華大華、大華中小）例外，其它在2007年連前三分之一的名次都排不上，甚至還有六支落在一百名之外。

讓我們再多看一年的資料。

基金名稱	2007年排名 （共175支基金評比）	2008年排名 （共176支基金評比）
安泰ING台灣 高股息	1	55
統一大滿貫	2	65
永豐中小 （原大華中小）	3	13
永豐永豐 （原大華大華）	4	8
統一奔騰	5	128
華頓典範	6	144
日盛上選	7	30
富鼎半導體	8	125
統一經建	9	60
元大多福	10	34

2007年排名前十名的基金裡，只有一支（永豐永豐）在2008年仍能保持在前十名內。

在運動界裡，每屆奧運金牌得主，通常都是下屆奧運奪牌的熱門選手。但在基金界裡，每屆的得獎基金似乎都是下屆**不得獎**的熱門人選。

　　這就像是將日常生活經驗中，花費愈多得到愈多的想法直接應用在投資一樣，投資人如果以為選股和運動一樣，大多靠的是技巧，那麼等著他們的，恐怕將是個大大的意外。

　　這是一個反覆出現的現象。在台灣是這樣，在美國也是這樣，全世界都是這樣。結論就是，**基金的好績效難以維持**。那些依照過去績效來決定未來購買基金的投資人，以及相信選股是種能力的投資人，恐怕未來都將會對結果感到很失望。

事前與事後的分別

　　有人說，怎麼會呢？明明就有經理人表現很好啊，連續十年或更久時間都超越大盤。這如果單純以運氣來解釋實在有點牽強，一定是能力所造成的吧！

　　這裡有個很重要的觀念要釐清。如果你請1000個人來丟銅板，每個人連丟10次。會不會有人連續丟出10次正面呢？很有可能吧？連續10次正面的機會是 $\frac{1}{1024}$，如果同時有1000個人在丟，那麼出現幾個人連續丟出10次正面是再正常不過的事。你會認為那個連續丟出10次正面的人很會丟銅板嗎？不會，你會說那是他運氣好。你會花錢請他以此當做特技展示來賺錢嗎？不會，因為你知道以他個人來說，下次要再連續丟出10次正面的機會是 $\frac{1}{1024}$。

　　簡單的說，整體經理人控制的基金表現平均約略與大盤相等（其實是略低於大盤平均，因為投資需要成本，這在第二章有詳細說明）。所以一個基金經理人每年的表現要不就高於市場平均，要不就低於市場平均，機會可說是一比一。然而就像是丟銅板一樣。世界上同類型的基金有

成百上千支。十年之後，他們之中有一兩個人連續十年贏過大盤，以機率來說是再自然不過的事。

　　在**事後**將這些經理人獨立出來看，然後說他們有高超的選股能力。這就像是在1000個丟銅板的人中，挑出那些連續丟出10次正面的人，然後說他們很會丟銅板，這都是一樣，沒有把運氣和能力分清楚。

　　經理人若是想要證明自己靠的是選股能力，而不是選股運氣。那麼他有兩條路可走。一是整體經理人的表現連續超越大盤的人特別多，多到無法用運氣解釋。就像是1000個丟銅板的人中，居然有500個人連續丟出10次正面，那麼這些人很可能真的具有丟銅板的絕技。二是在未來的時間裡，繼續以優異的表現證明他靠的是能力而非運氣。不幸的是，第一條路裡的現象目前還沒有出現過。而第二條路，我們只有在**事後**發現似乎有幾個人符合這樣的條件。

　　像是巴菲特和彼得林區這樣的經理人，就表現出單純用機率很難解釋的選股能力。但請問，你是否可以在**事先**就挑出這些未來將卓然出群的經理人？三十年之後，一定會有當代的選股大師出現。但你現在是否就可以在成千上萬的經理人中先挑出這個人，然後從現在就開始參與他的資產管理？

　　假如不能的話，那麼通常的結果就和現在一樣，你將

看著這些傑出經理人過去的成績，幻想自己當初如果也有投入的話，現在會有多少利潤。可惜的是，過去績效是花再多錢也不能回頭參與的過眼雲煙。

讓我們回到最初的討論。假如表現是能力帶來的，那麼我們將可以看到表現的持續性。也就是說，假如表現無法持續，那麼表現就不是能力所帶來的。主動型基金經理人的表現就符合後面這項論述。

你還是不相信？你說明明就有經理人表現出傑出的選股技巧。OK，讓我們坐遠一點，看一下整體表現。一邊是你用十根手指就數得完的傑出選股人士。而另一邊，有成百上千支這些年來績效爛到被清算掉的基金，以及上述幾個表格中，不論台灣還是外國，每一年的基金資優生瞬間變成留級候選人的案例。到底哪邊的證據強度比較強，較令人信服呢？

你是否還是只願意看到成功的那一面，只看到得獎的基金？你是否在看過前面章節關於生存者誤差的描述後，還繼續讓自己沉浸在這個誤差中呢？

事實上，絕大多數基金的表現是無法持續的！**基金的表現不是能力所帶來，而是用運氣就能解釋的。**

專業人士尚且如此，那你呢？

而且請記得，我們前面看到的是專業基金經理人的表現。一群學有專精、有公司資源支持、有證券分析師撐腰、聰明伶俐到被挑出來當經理人的財經人才。他們整天的工作就是在挑選證券。他們也希望優良表現可以持續，可以超越大盤。他們也不希望出現這樣好好壞壞，被人指指點點的成績。他們有這樣的資源，這樣的能力，這樣的動機，卻還是表現出那麼慘不忍睹的成果。

而大多數投資人都沒受過任何正規的財金訓練，只靠著自修幾本股市祕笈與上網討論，用下班回家做完家事的一兩個小時時間研究股票，卻想要創造出持續超越市場的成績？

我們可以看個類比。一個整天在運動場上訓練的專業體育選手，和一個只在下班後做點運動的上班族，誰會有比較好的體能表現？假如選股真的就像大多數人想像的是種競技，那麼身為一個業餘人士，在金融市場試圖去和專業人士較量，會是個明智之舉嗎？

假如你參加了一百公尺賽跑，卻得知跑道上有奧運

一百公尺比賽前三名的選手，那麼你還會不會想上場比比看？但在金融市場裡，很多投資人沒看到也沒想到，是誰在交易的另一端跟你買賣股票，是誰在跟你同場競技，所以才會非常勇於下場。

你知道你在買股票時是誰賣給你的嗎？為什麼你覺得會漲的股票卻有人要賣？到底是你知道的多，還是他知道的多？你知道當你要賣股票時，對面是誰在接手呢？為什麼你覺得沒有希望，未來漲不上去或將持續下跌的股票會有人要買呢？

太多人以為自己正在打敗另一個無知的散戶，但其實他可能正在和基金公司的經理人交手。太多人以為自己正在打敗對手或即將擊敗對手，但其實他自己就是將要被擊敗的人。

你或許覺得怎麼會呢？明明就有好些散戶創造了很好的成績。但這正好證明了一件事，那就是：「**選股通常靠的是運氣。只有靠運氣的遊戲才有機會讓非專業人士獲得出類拔萃的成績。**」

好比跳水比賽裡，一個剛學跳水一年的年輕選手打敗了郭晶晶，成為跳水天后。或是一個國中棒球隊投手卻投得比王建民好。請問這有可能嗎？哪一個金牌選手靠的不是經年累月努力所累積的技巧？

如果你沒有技巧，在競技比賽中一定會敗北。但股票

市場不同，就算你沒有技巧只有運氣，你也可以打敗其它人，成爲股林霸主。這些優秀成績才會被拿出來傳頌，人們喜歡直接將好成績歸因於技巧。但你沒看到的是，那些報酬遠遠落後於大盤的散戶。你沒看到的是，這些霸主只能當幾個月（運氣好一點的話，也許幾年）。因爲他靠的不是技巧，他將被下一任的運氣之王掃地出局。

選股能力不是你相信它存在，它就會存在的。科學證據立足於統計之上。選股能力被統計的強力探照燈一照便幻化無蹤。在科學上，它幾乎是不存在的。

也就是說，在金融市場裡投資，如果你想持續拿到平均之上的成績，讓自己免於落在平均之下，你以爲要依靠的是選股技巧，但其實運氣將決定你的投資命運。

而根據那個**加計成本之後，超過一半的投資人落在平均之後**的鐵律，你很可能就是落在平均之後的那一群人。

就像公司的尾牙晚宴，在參加之前你就知道中獎率是25%。當然你會希望自己得獎，但又確實的體認到，其實你比較可能是那沒得獎的75%。

你要讓你的投資像是一場尾牙抽獎般的運作嗎？

第四章

挑選基金：一場遊戲一場夢

基金有比較厲害嗎？

　　我們可以把市場參與者分成散戶和法人兩類。散戶通常沒受過專業的金融訓練，僅靠著自身的研究和某些管道中得到的訊息，試圖自行挑選股票。法人則有金融專業，他們憑藉著專業知識與暢通的訊息管道參與市場。

　　理論上來說，我們期待法人因為有資訊與知識上的優勢，可以善加利用散戶的弱點。因而在市場中他們應該是拿到大餅的那一群人。譬如說市場的平均報酬是5％，那麼法人整體平均應該是打敗市場的7％，而散戶則是落後市場的3％（7％與3％的平均為5％）。

　　所以為了擺脫處在散戶這端的弱勢，一般人花些經理費買進基金請經理人代為操作，改以法人端參與市場，似乎是較為明智的選擇。

　　理論上是這樣，但實際上呢？

　　我們來看台股基金的成績。2007年全部台股基金的

平均表現如下表：

項目	2007年
全部基金平均	11.16%
加權股價報酬指數	12.5%
前1/2平均	18.71%
後1/2平均	3.62%

* 這裡用的基準指數是加權股價報酬指數，因為基金有拿到股票的配息，所以應與加計配息的報酬指數比較。

　　我們可以看到2007年全部175支台股基金的平均表現是11.16%，落在指數報酬12.5%之後。

　　表現列於前1/2的基金，其平均比指數高6.21%，後1/2則比指數低了8.88%。這代表什麼？這代表，你去買這些主動選股的基金是一種**贏小輸大**的遊戲。如果你選到表現名次列於前半的基金，那麼平均你只會贏大盤6.21%，但假如你不幸落到後半，等著你的卻是平均輸大盤8.88%的成績。

　　我們再多看一年的資料，2008年全部台股基金的平均表現如下表：

項目	2008年
全部基金平均	- 46.62%
加權股價報酬指數	- 43.07%
前1/2平均	- 41.51%
後1/2平均	- 51.73%

　　在2008年，全體基金平均輸指數3.55%。前1/2的基

金贏指數1.56%，後1/2的基金輸指數8.66%。仍是相同的結果。整體平均遜於大盤，贏小輸大。

為什麼會這樣呢？

因為主動選股的基金有著難以跨越的障礙，就是投資成本。一支台股基金光是經理費就要1.6%，還有券商交易費用、保管費、雜項開銷等費用，這些零零總總的費用就像是跑道上一個接一個的跨欄。就算經理人和散戶相比是學有專精的專業人士，如同田徑場上體能超群的職業選手之於一般民眾。但在這些由費用形成的障礙之下，經理人也只能跑得氣喘噓噓，無法有多優秀的表現。

當投資人以為花些錢可以買到專業人士的選股能力時，卻沒想到這些成本正是經理人難以跨越的障礙。

4433法則的無用

你說，這道理我早就知道了，所以買基金也要做功課啊！要細心的比較後，挑選出的基金才會有優異的表現啊！

在台灣，最爲投資人所熟知的挑選基金方法莫過於「4433法則」。

所謂4433法則是指以下的條件：

第一個「4」表示一年期基金績效排名在同類型基金的前四分之一者。

第二個「4」表示經上述條件篩選後，其兩年、三年、五年，和今年以來這四個區間的績效排名也在同類型基金的前四分之一者。

第三個「3」表示，六個月績效排名在同類型基金前三分之一者。

第四個「3」表示，三個月績效排名在同類型基金前三分之一者。

這是一個以過去績效來挑選基金的方法。根據過去績效來挑基金的理由是，過去表現好的基金，未來仍將持續

有較好的表現。那麼我們就來驗證一下，依照這標準挑出的基金，之後表現如何。

我們選用台大邱顯比和李存修兩位教授為投信投顧公會蒐集的台股基金績效評比資料，以一般股票型基金為分析標的。

假設狀況是這樣的，有某位投資人在元旦假期，也就是1月1日，考慮要買進台股基金，而且他採用4433法則進行篩選。

在民國90年元旦依此條件篩選，我們找到了三支基金，分別是建弘福元、怡富台灣增長和怡富怡富。

過了五年之後，這樣選出的三支基金的表現如何呢？我們可以看到民國94年12月底的基金評比資料顯示它們的排名如下：

項目	過去一年	過去二年	過去三年	過去五年
建弘福元	26	17	18	43 *
怡富台灣增長	58 *	67 *	65 *	64 *
JF台灣 （原怡富怡富）	63 *	70 *	68 *	60 *
評比基金數	92	88	86	78

＊數字後面有＊符號者，表示績效落在後二分之一。

假如你在民國90年元旦，以4433法則選台股基金來投資。五年之後，到了民國94年12月31日，這三支基金中，**沒有一支**的五年績效可以排到前二分之一。其中帶給

你最好五年表現的是建弘福元的第43名。其它兩支都落在後四分之一。

接下來，我們來看看在民國91年元旦，以4433法則選出的基金會帶來怎樣的結果。當時符合4433條件的一般台灣股票型基金有保誠外銷、台灣富貴、統一龍馬和統一全天候這四支基金。

接著我們看看在經過五年之後，它們在民國95年12月底的績效排名。

項目	過去一年	過去二年	過去三年	過去五年
保誠外銷	8	47 *	67 *	62 *
台灣富貴	85 *	56 *	72 *	18
統一龍馬	16	43	35	20
統一全天候	57 *	68 *	58 *	49 *
評比基金數	93	92	89	81

＊ 數字後面有＊符號者，表示績效落在後二分之一。

這次好多了，台灣富貴和統一龍馬的五年排名都在前四分之一。但這表示4433有效嗎？假如有效，那麼為什麼同樣是符合4433原則的基金，有的在前四分之一，有的則在後四分之一呢？用這個篩選標準，買到的到底會是前四分之一，還是後四分之一的基金呢？

我們一樣用4433法則在民國92年元旦選基金，然後在民國96年12月底看這幾年的表現。

項目	過去一年	過去二年	過去三年	過去五年
新光競臻笠	N/A	N/A	N/A	N/A
台灣富貴	78 *	83 *	71 *	76 *
富邦精準	47 *	60 *	25	23
新光國家建設	43	21	23	42
評比基金數	91	88	86	84

＊ 數字後面有＊符號者，表示績效落在後二分之一。

　　這次不太好看，居然有支符合4433法則的基金變成了消滅基金。新光競臻笠基金在民國96年3月28日與新光創新科技基金合併，成為消滅基金。試想，一支績效很好，幫投資人賺很多錢，也吸引很多投資人投入的基金會被清算合併嗎？

　　在92年元旦，以4433法則挑出這些基金後，未來五年的最佳表現是第23名的富邦精準，還不到前四分之一。再來就是屬中位排名，第42名的新光國家建設，最後則是倒數第九名和消滅基金。

　　總結來說，根據台股基金資料來看，我們試驗的這三個年度中，4433法則看來並不是個有用的基金評選法則。

　　在各大財經媒體倡導這個選基金方法時，他們可曾拿出證據，證明這是有效的選基金方法？是否可以證明過去績效好的基金，在未來仍將持續有優異的表現？假如他們沒有證據，為什麼可以拿出來提倡呢？假如沒有證據，為什麼我們投資人要相信呢？

基金評比呢？恐怕不會比較好

　　好吧，你說4433法則是本土的方法，或許我們應該看些國際基金評比機構，像是晨星和理柏的基金評鑑資料，也許可以指引我們找到好基金。下面我們就來看一下這些得獎基金的實戰成績。

　　2006年晨星台灣基金獎股票型基金的得獎名單如下表所示：

投資區域	基金名稱
全球股票	天達環球策略股票基金
北美股票	富坦高價差基金
歐洲股票	友邦歐洲小型公司股票基金
亞洲股票	盛華2000高科技基金
新興市場股票	美林新興歐洲基金

　　我們可以分析這些得獎基金在接下來的2007年、2008年的表現。將這些基金與其同類型基金比較，報酬資料來源一樣是晨星基金資料庫。這五支基金在得獎後兩年的表現如下表：

基金名稱	2007年	2008年
天達環球策略股票基金	（贏）平均1.24%	（輸）平均6.32%
富坦高價差基金	（輸）平均4.44%	（贏）平均0.62%
友邦歐洲小型公司 股票基金	（輸）平均8.03%	（贏）平均0.02%
盛華2000高科技基金	（贏）平均0.47%	（贏）平均6.19%
美林新興歐洲基金	（輸）平均11.29%	（輸）平均1.58%

　　從上表中我們可以看到，2006年得獎的五支股票型基金在之後兩年的表現，其中有五次勝過平均（表格中有贏字標記），五次敗給平均（表格中有輸字標記）。輸的部分幅度較大、較為嚴重，因此讓這五支得獎基金在其後兩年的表現，只有盛華2000高科技基金能勝過同類型平均，其它四支基金帶給投資人的，全都是低於同類型基金平均的報酬。

　　這代表什麼？這代表當時你依據晨星得獎名單來選擇基金所得到的結果，恐怕和閉著眼睛隨便從同類型基金中挑一支出來沒什麼不同。因為這五支得獎基金有四支在接下來兩年輸給平均報酬，只有一支贏過平均，你只有20%的機會得到兩年下來勝過平均的結果。如果閉著眼睛每年選一次，每一次你都有50%的機會選到勝過平均的基金，連續兩年勝過平均的機會是50%乘以50%，等於25%，還比依據得獎名單選出的20%要高呢！

　　每屆基金獎得主似乎都是下屆不得獎的熱門人選。因為這個獎畢竟是頒給過去，而不是未來的。

　　假如你堅持要看過去績效，或者仍舊相信過去績效是值得參考的評選基金標準，那麼2006年晨星基金獎得主有80%在接下來的年度帶來遜於同類基金報酬的這個「過去績效」，一定值得你嚴重關切。

　　債券型基金又是怎樣的結果呢？我們接下來看看。

　　2006年晨星台灣基金獎債券型基金得獎名單如下：

投資區域	基金名稱
全球債券	聯博美國收益基金
北美債券	富達美元高收益基金
歐洲債券	M&G公司債基金
亞洲債券	百利達亞洲債券基金
新興市場債券	荷銀全球新興市場債券基金

　　我們一樣以表格呈現這些基金在接下來兩年的表現：

基金名稱	2007年	2008年
聯博美國收益基金	（輸）平均0.92%	（輸）平均9.74%
富達美元高收益基金	（贏）平均1.685	（贏）平均1.86%
M&G公司債基金	（贏）平均0.2%	（輸）平均1.91%
百利達亞洲債券基金	（輸）平均2.82%	（輸）平均32.12%
荷銀全球新興市場債券基金	（輸）平均11.17%	？（注1）

　　結果也是相當難看。過去五支得獎債券型基金，只有一支在接下來的兩年可以持續的贏過同類平均。

但債券型基金的故事不止於此。在平淡無趣的債券背後，其實有更引人入勝的故事。我們可以仔細看看2006年得獎的債券型基金是怎樣的債券型基金。

2006年全球債券基金獎得主是聯博美國收益基金。這支基金的投資目標說明中陳述，50%的基金資本將投資於投資等級以上的債券，這句話的意思就是說，另外那一半50%，投資在非投資等級的債券上。

北美債券贏家是一支高收益基金，歐洲債券贏家則是公司債基金，百利達亞洲債券基金也是將主力投資於公司債。荷銀基金則將資金重押在單一新興國家，成功的獲取高報酬。

在2006年，在那個似乎只要去冒險就可以拿到報酬的年代，愈危險的公司債和新興市場債，幾乎就是高獲利的同義字。所以我們看到哪些債券基金在得獎？全部是偏重公司債、高收益債的債券基金。

我們分析後看到這些債券基金在2007年、2008年的表現輸給平均，但這只是故事的一面。這些基金是和同類型基金相比，譬如富達美元高收益債券基金，它的類別是美元高收益債券。在2008年，這類基金的平均報酬-27.16%時，富達美元高收益債券基金-25.30%的成績，似乎還贏過平均。

但是在2008年，美國公債和公司債，一個是兩位數

的正報酬，一個是兩位數的損失，兩者合起來形成美國債券市場全年0.3%的報酬。請問美國高收益債負百分之二十幾的報酬，究竟輸了多少？請問在2008年可以替投資人帶來保護功能的美國公債基金，在2006年當時有誰推薦呢？在高收益債有二位數報酬的年代，誰要買個位數報酬的公債基金？假如晨星當時頒獎給公債基金，會不會引起哄堂大笑？但當投資人最需要債券的保護功能時才赫然發現，原來債券也可以跌得這麼劇烈，原來債券不是溫和的同義字。

這些基金獎是獎勵市場中的熱門區塊，假如投資人以此做為選擇基金的根據，那麼他就是在追高。他只能期待在他想到「賣出」這兩個字前，這個熱門區塊還有些許的動能，而不是從燦爛回歸平凡的自由落體。

基金評等不僅無法選出在未來仍能持續領先同儕的基金，更會帶給投資人錯誤的印象，以為偏重某一方面或偏重某種投資方式的基金就是好基金。

這個現象不僅僅發生於債券市場，它也同樣適用於股票市場。

你知道一大堆網路科技基金被評比為五顆星的時候是哪一年嗎？

答對了，就是1999年，泡沫的頂峰。

注1：荷銀全球新興市場債券基金在2007年、2008兩年的發展也十分
　　　值得投資人思考。創下2006年高報酬的基金經理人拉斐爾‧卡辛
　　　（Rapheal Kassin）在2007年辭職。像這種經理人辭職的狀況，往往
　　　會讓主動型基金投資人左右為難。假如你相信的是這位經理人帶來
　　　的過去績效，那麼當他已經不在了，你為什麼還要繼續持有該基金
　　　呢？然而如果賣出後再去尋找類似標的，你的資金就會招致投資成
　　　本的侵蝕。下一支基金的經理人又能做多久？這些經理人的變動完
　　　全不是投資人所能掌握的。投資主動型基金就會遇到這個問題。但
　　　指數型基金不會，追蹤指數的技術是由基金公司內一個專職部門所
　　　掌控。由誰擔任經理人的差別不大。

　　　2008年，整個荷銀系列基金轉手給富通資產管理。荷銀全球新興市
　　　場債券基金併入富通全球新興市場精選債券基金，在2008年12月底
　　　進行合併程序，這也就是為什麼該年績效會是一個問號。買進這些
　　　基金，你甚至無法確定過了一兩年後這支基金還會不會存在。

　　　經理人的變動、資產管理公司的更換、基金的合併清算、還有投資
　　　區域與風格的轉變，讓這些靠著主動型基金組建投資組合的投資
　　　人，成為妄想在變幻不定的流沙上建造房子的過勞工匠。

第五章

指數化投資讓你
不費吹灰之力，立於不敗之地

超越一半的必然

　　自行選股通常靠的是運氣，後果大多是落在平均之後的悲哀。而試圖挑選主動型基金，跟隨的常是績效中止的遺憾。投資人到底要用怎樣的態度和方法參與市場呢？

　　答案竟是出奇的簡單。

　　只要穩穩的拿取市場平均報酬就好了。低成本的指數化投資工具可以保證你拿到貼近市場平均的報酬。

　　什麼？在一個有五十人的班級裡，你會要求你的小孩每次只要考第二十五名就好了嗎？且聽我慢慢道來。

　　每個時段都會有一半的投資人落在市場平均報酬之後。不論本土還是國外市場，不論是二十年前還是三十年後，這句話都一定成立。

　　所以只要你拿到市場平均報酬，那麼你就將勝過一半的投資人。

　　而不論投資人身處何處，都要付出成本。每個國家的

券商都要手續費、基金公司都要經理費、政府都要課稅，
這到哪裡都一樣。所以整體投資人的平均成果必然遜於市
場指數。

　　所以實際上，**只要你拿到市場平均報酬，那麼你就將
勝過超過一半的投資人**。

　　但是你不可能拿到市場平均報酬，因為就算進行指數
化投資也一樣要成本。但**低成本**的指數化投資工具可以讓
你拿到很貼近指數的報酬。相較於一般海外股票型基金每
年百分之1.5的經理費，指數型基金和ETF可以只收每年
千分之1.8的內扣費用，讓你非常貼近市場平均，讓你一
樣打敗超過一半的投資人。

　　現在你面對兩個選擇。

　　你可以試圖自行挑選股票，但面對的大多是落在指數
之後的結果。你可以試圖挑選主動型基金，但在做了一堆
比較之後，仍無法確定基金能否在未來維持傑出的表現。

　　或者，你可以選用低成本的指數化投資工具。不必選
股票、不需挑基金，就用低成本的指數化投資工具就好。
然後你一招半式都不用出，每天、每週、每月、每年和你
參與同一個市場的投資人，不論他們多努力研究股票，多
盡力挑選主動型基金，不論是拿一條線還是一百條線出來
分析，他們都將會有超過一半的人被你打敗。

　　你不用擔心這次挑到的股票是否會輸給市場平均，

你不用擔心透過4433法則篩選之還會不會選到下一支清算基金。只要根據投資人一半遜於平均和投資要成本的鐵律，這個和太陽從東方出來一樣確定的鐵律，你不用運氣也不須技巧，指數化投資在過去每個時段打敗超過一半的投資人，未來仍將打敗超過一半的投資人。

　　日出東方，指數不敗。

　　但和東方不敗必須做出重大犧牲才能練成神功不同，投資人不必做出什麼犧牲，只要簡簡單單買進低成本的指數型基金或ETF，他就可以成為市場上的東方不敗。

　　而且因為選擇了指數化投資，投資人往往獲得更多。可以將研究股票的時間省下來陪家人小孩。可以將上班時偷看股市的擔心轉化成衝刺事業的專注。在投資方面獲得不敗之地的同時，他將有更多的精力和資源投注在自己的人生。同時在市場與人生獲得成功。

　　當一招半式都不用出，在每天入睡前想到今天市場上又有超過一半努力研究市場的參與者獲利輸於自己時，指數化投資人常有個甜美的夢。武學最高境界是無招勝有招，而在投資界的真實應用就是無招之招，指數化投資。

選擇平均來打敗平均

　　你說這未免太駝鳥心態了吧！指數化投資贏超過一半的投資人，但仍輸給小於一半的投資人，這有什麼好得意的？

　　這時候我們就要來看指數化投資的另一個優點，績效的持續性。指數型基金在每個時段，都將勝過不只一半的投資人。

　　我們回到剛才一個班級五十人，每次考二十五名的比喻。五十人太多，我們換成小班制，九人好了。

　　假如投資不需要成本，指數化投資人每次的排名會是第五名。前面有四位同學贏他，後面有四位輸他。不多不少，正是如此。

　　但投資要成本，所以指數化投資人可以勝過超過一半的投資人，他在每次的考試應該會在類似第四名的位置。前面有三位同學贏他，後面五位輸他。

　　假如單看一次考試，每次前面都還有三位超越者，當第四名實在沒什麼好驕傲的。但這位第四名同學可怕的地方在於，每次不論狀況如何，他都是第四名。

　　譬如有個小學班級，其中九位同學的考試成績是這樣的：

　　第一學期結束，學期成績第一到第三名分別是大明、中明、小明。而代表指數化投資人的小均考第四名。

　　第二學期結束，該學期成績第一到第三名變成大雄、中雄、小雄。大、中、小明分別變成第七、八、九名。而小均因為某種特殊的習性和天份，還是維持第四名。

　　第三學期結束，該學期成績第一到第三名是大君、小君和小明。而小均，還是第四名。

　　這間小學很嚴格，如果小朋友的成績位於倒數名次太多次的話，還會被學校退學。就像表現太差的基金會被清算一樣。

　　等到十二個學期結束，這屆小學生要畢業了，你猜誰會拿到全班畢業成績第一名？

　　會是那些成績變來變去，有時候第一名，有時候倒數第一名的小朋友？還是每次穩穩考取第四名的小均？

　　當然學校考試是投入努力較多的人勝出，所以不太容易出現這樣大風吹的現象。但看看之前章節所舉出投資績效排名大風吹的例子。在美國，我們發現之前表現優異的基金日後與一般基金無異。在台灣，我們也看到台股基金的前十名掉到一百多名墊底。在投資界，排名大風吹是常態而非異常。

也就是說，假如每天、每月、每年，你都能拿到市場平均的成績，隨著時間拉長，那些原本在你前面的人會因為名次的波動，開始拿到落後平均或甚至墊底的成績，漸漸被甩到後面去。而這個每天都拿中位排名的人，他的五年、十年、二十年的績效排名將不只是平均，而是遠超越平均的名列前茅。

在一個前後排名大幅波動的績效評比競賽中，可以在每次都穩穩拿到中間偏前面的成績，長久下來就將是個不得了的優勢。

指數化投資不是短期內讓你贏過略多於一半投資人而已，**它將讓你長期下來，勝過大多數的投資人。**

惡魔的名字，成本

投資成本常用總資產的百分比來表示。譬如股票型基金經理費1.5%，這就表示每年從基金資產中內扣1.5%的費用。

這種內扣的費用常讓人覺得不痛不癢。我們換個角度，看看不同的陳述方式會不會讓你看清它的真正面目。

假如你投入100萬元進入某個每年內扣1.5%費用的金融產品中，你這100萬本金將會如何減損呢？

一年之後，這100萬元會變成98萬5,000元，兩年之後，會變成97萬225元。四十年之後，會剩下54萬6,000元，僅占原始資金的54.6%。

四十年的投資時間很長嗎？對於一個二十五歲開始進入職場工作的年輕人來說，假如他預計六十五歲退休，以基金做為累積退休資產的工具，那麼四十年就是他累積資產所經過的時間。

連續四十年的減值只適用於買進基金後就長期持有的投資人嗎？不！即使你試圖在不同的股票型基金間轉換，只要你的資產還放在內扣1.5%經理費的基金內，就會不

斷受到內扣費用的侵蝕。而且因為轉換時付出的費用，你的資金會消失得更快。

　　這還沒計入讓購買力不斷減值的通貨膨脹。就以長期通膨平均3%來計算好了，加上基金每年1.5%的內扣費用。一年之後，原先的100萬會剩下95萬5,000元的購買力，二年之後，剩91萬2,025元。四十年之後呢？只剩下15萬8,000元，僅有原先資金15.8%的購買力。

　　但是投資股市有報酬啊！怎麼可以這樣直接計算費用讓本金減損呢？

　　沒錯，不管買股票基金還是買債券基金，都會有期望報酬，一個你希望會是正號的報酬數字。但一旦你買進這樣高費用的基金，基金的公開說明書上可就已經白紙黑字的寫著，它每年要扣你多少費用了。

　　你確定投資四十年後一定會賺錢嗎？不！你不確定，其實根本沒有人能確定。

　　但你能確定投資四十年後本金將被投資成本吃掉多少嗎？這倒是可以確定的。因為這是一開始就用白紙黑字規定下來的事。

　　投資到最後有沒有賺錢，那是未定之數。但投資成本每年吃掉多少錢，卻是你完全知道，並且百分之百可以掌握的事。

　　面對只能期待，無法確定的報酬時，為什麼不試著將

可以完全掌握的投資成本壓到最低呢？

　　當你手邊的閒錢要放定存都還知道要選高利率的銀行時，你可曾注意到，你投資的資金每年**不論賺賠**都正在被內扣費用，每100萬的資金每年就被金融機構從中拿走1.5萬，替他們在「生利息」嗎？

　　販賣基金的金融業者常會算給投資人看，在每年9%的報酬之下，你的資金將會如何成長。他們卻不算給投資人看，假如每年都沒有報酬，你的資金會如何在成本的壓迫下萎縮。

　　為什麼？因為前面這個動作是畫大餅。畫出美麗的遠景，投資人才會有動機購買金融產品。而後者則是金融業者的實際收益，一個不論投資人是賺是賠他們都要收取的費用。假如說得太明白，產品就難賣了。所以業者選擇用片面之詞來灌輸投資人。許多投資人也許受限於金融知識或選擇相信「專業」，因而未能看到費用的殺傷力，相信了這片面之詞。但當投資人選擇信賴金融業者時，業者真的有替投資人著想嗎？

　　而且如果你以為股票型基金內扣的費用就只有1.5%的經理費，或是債券型基金內扣費用只有0.75%，那你就太天真了。

　　1.5%只是經理費的部分，一支基金要運作，還要銀行保管費、會計師簽證費、律師顧問費、券商交易費等

等。這些數字的加總可能會讓你大吃一驚。(有興趣的讀者朋友可以去投信投顧公會網站http：//www.sitca.org. tw/，點選左欄「產業現況分析」中的「境內基金」，再選「基金資料彙總」中的「各項費用比例」，就可以查到台股基金的內扣費用總百分比。你會發現每年內扣3%、4%費用的基金不在少數。)

讓我們再換個方式看投資成本。

金融界常用美國股市長期的年化報酬10%來做為股市投資的期望報酬，這是一個非常糟的方法。首先，這等於是用過去一百年全球最成功經濟體的股市報酬來估算未來，這正是生存者誤差的典型。誰知道各國股市在未來會是成功還是失敗呢？再來，這是指數報酬，並未計入投資成本和課稅，就算是美國投資人也拿不到那麼高的報酬。

在知道這些問題的前提之下，我們就暫且視股市報酬為10%。假設課稅吃掉1%的報酬，通膨再吃掉3%的報酬，投資人最後可以拿到的是6%的實質報酬。假如投資人用每年1.5%的投資成本參與長期有6%實質報酬的市場，會有什麼結果呢？

一樣假設初始投入100萬元。假如投資不用成本，投資人每年拿到6%的報酬，四十年後，這100萬會成長為1,029萬元。

假如投資人拿到6%報酬扣掉1.5%投資成本後，年

化4.5%的報酬，那麼四十年後，這100萬會成長為582萬元。582萬是1,029萬的57%。

　　也就是說，每年將投資報酬分1.5%出去的結果，會讓你長時間，譬如四十年之後，只拿到市場報酬的57%。

　　親愛的投資朋友，你付出了100%的投資本金，承擔了100%的投資風險，最後卻只拿到57%的市場報酬，你覺得這樣公平嗎？你如果不知道每年分1.5%給金融業者的後果，那麼等著你的就是這樣的結局。

　　而資產管理業者付出0%的本金，承擔0%的市場風險，每年不論市場漲跌，**一定可以從你的資產中賺取1.5%的收益**。現在你知道誰才是真正的基金贏家了吧！

　　前述計算還沒納入購買金融產品時，要付出某百分比打折後的手續費，這個直接將你資產總值削掉一小塊的費用呢！

　　有人說付給基金業者的1.5%經理費和交給代銷業者的手續費將讓他取得超越市場的報酬？那麼我想，市場報酬減投資成本後等於淨報酬這個算式，對他來說一定很難理解。

　　每年6%的獲利以1.5%做為投資成本，這等於是將投資所得的四分之一，也就是25%送給金融業者。請問21%的所得稅繳起來感覺如何？而且政府是你有賺錢才課你稅，基金業者則是不管你有沒有賺都要課1.5%的稅。

更妙的是，常有人說要減稅，卻少有投資人要基金公司調降費用。看來，我們政府還有許多地方要跟資產管理業者學習呢！

　　當你體認到每年政府課稅讓你的財富少了一塊時，當你念茲在茲的想著是否有減少稅賦的方法時，你是否想過財富管理業者收取費用的殺傷力？你是否想過有沒有少付點費用的方法？當你因為課稅而仇視政府時，你是否還把金融業者當做朋友？當你知道課稅將讓你更慢達到財富目標時是否想過，金融業者的費用或許將讓你永遠達不到財富目標？而這些金融業者的口號卻是「幫你創造財富」？我相信他們更重要的目標是替自己創造財富。

　　內扣不代表沒扣。內扣一樣是從你的口袋拿錢出來。假如你不知道投資成本的殺傷力，那麼你的生肖一定屬羊，因為你就是金融業者眼中的肥羊。

你應得的一份

　　相較於前段所述一般基金的高額費用，低成本的指數型基金則讓投資人拿到他應有的市場報酬。

　　一樣假設一個年化6%實質報酬的市場，一樣假設初始投入100萬的本金。指數化投資工具可以用很低廉的內扣費用，譬如0.4%好了，讓投資人參與市場。

　　6%的報酬扣除0.4%的成本後，是5.6%的年化報酬。100萬的初始投資在5.6%的報酬率下，四十年後可以成長為884萬。是市場報酬1,029萬的86%。

　　當整體沉浸於高成本的主動型基金投資人，想盡辦法超越市場，卻只拿到五成多的市場報酬時，低成本的指數化投資工具讓投資人拿到市場報酬中的大餅，確保投資人拿到他應有的一塊。

　　當你根本不知道如何挑選基金才能打敗市場時，指數化投資穩穩的給你市場報酬中最大的一塊。

　　就算投資人不幸遇上市場零報酬的年代，指數化投資的低成本，也可以確保投資人將可留下最多的金錢。

　　股市報酬並不都是正號的。我們不知道它會是正20%

還是負30%，這就是投資的風險所在，意即投資人真的可能遇上很負面的事件。假如哪天股市報酬可以真的固定在10%，那就沒有風險了。但沒有風險其實也就不會有那麼高的報酬。想想看，風險很小的定期存款，報酬是百分之多少呢？

我們不知道未來市場將寬厚的給予我們報酬或苛刻的分文不給。但我們知道，投資成本完全在我們掌握之中，我們可以把它壓低到最小的程度。成本是支出，是負號，是投資的不良因子。當我們知道摒除成本這個負面因子時，我們的資產才會有最大的成長機會。

而指數化投資工具正是目前世上參與金融市場成本最低的管道。在上漲的市場裡，指數化投資給你應得的一塊。在下跌的市場裡，指數化投資為你保存最多的資產。

令人難以忍受的好經理人

就算你找到一位打敗指數的經理人好了，這期間你確定自己都能忍受嗎？

為什麼會這麼說？舉個例子來說，假如我們看到某報導說，某基金經理人十年的年化報酬勝過指數1.5%。這是一個很了不起的成就，但這不代表這位經理人每年都贏過對應的指數1.5%。他可能第一年勝過指數5%，第二年輸指數6%，第三年又輸5%，第四年贏10%，這樣高低變化一直到十年之後，回頭看才發現他這十年的成績是贏過指數的。

假如你是買在第二年的時候，先給你一個輸指數6%的成績，隔一年，再給你一個輸5%的打擊，你覺得怎麼樣？你會繼續持有當時在同類基金可能排名在後四分之一的這支基金嗎？你如何知道它未來會是打敗指數的基金？

假如你受不了，轉到別的基金去了。那麼過了幾年之後，當你曾經持有的這支基金拿到經理人獎時，你會不會氣到跺腳？

假如你撐下去，就是相信這支基金。但過了幾年之

後，你發現它果真是扶不起的阿斗。那你過去損失的收益還會回來嗎？你會不會更生氣？

主動型基金帶給你的是無窮無盡的心理折磨。

最近美國基金業界就有一個現成的例子，Legg Mason Value基金經理人比爾‧米勒（Bill Miller）有過輝煌的紀錄，他從1991年開始，連續十五年打敗標普500指數。在這十五年間，標普500指數年化報酬是11.9%，他所掌管的基金則有15.8%的報酬。這個成績讓他成為傳奇人物。

但從2006年開始，他吃鱉了。2006到2008這三年，他分別輸指數9.9%、12.2%和18.1%。在2008年標普500下跌37%時，他的基金跌55.1%。

請問假如你是美國投資人，面對手上這一支一年讓你資產少掉一半以上的基金，你要如何處理？你如何知道這是一個好經理人暫時的落魄，還是壞基金永遠的沉淪？事實是，你不會知道。

好經理人會有輸給指數的時候，壞經理人一樣也會有輸給指數的時候。而且我可以跟你保證，在基金界裡，輸給指數的壞經理人比較多。（真可憐，他們大多只是運氣不好罷了。）請問現在你手上持有，成績輸給指數的基金，它的經理人是好經理人還是壞經理人呢？你將非常困擾。

　　而且，這還只是你每年只看一次基金表現時才會有的困擾。很多投資人可是每天查看手上的基金表現。

　　你可曾發現，手上的基金在對應市場漲5%時，它漲1%，在市場跌1%時，它跌5%。你很生氣，氣到打電話去基金公司罵，在他們的網頁留言，但你發現，他們除了一堆官方回答之外，明天一樣讓你看到市場漲3%，基金漲0%。你根本管不動你的經理人，這是何苦呢？

　　投資投到給自己找氣受，讓自己充滿困惑，這又是何必呢？

　　使用指數化投資工具，每天市場漲跌多少，它就如實反應給你。絕不會有人弄壞你的投資，絕不用再想今年落後指數要怎麼辦的問題，你將得到主動型基金無法承諾你的兩個字：「心安」。

　　當你能心安之時，投資之路走起來就踏實多了。指數化投資會讓投資人走上穩健的投資之路。

第六章
適時進出市場：
沒人能實現的投資大夢

理論上，適時進出市場成效強大

除了試圖挑選好股票之外，另一個打敗市場平均的方法是抓對時間點進出。這個方法的基本論點相當直接而簡單。譬如台股在2008年雖然是-46%的報酬，但假如你能事前知道，把錢撤出市場，那麼當別人在市場中承受負百分之四十幾的重挫時，你的資金在場外還有利息可賺呢！

這樣不是很好嗎？為什麼要一直參與市場，一直傻傻的留在裡面。跌的時候當然要懂得逃。漲的時候當然要進場參與啊！

這是個威力強大的作法。1997年諾貝爾經濟學獎得主羅伯特・默頓（Robert Merton）曾經計算過，假如一個投資人在1927年將1,000美元投入短期美國國庫券（Treasury Bills，一種安全的債券）。到了1978年，這1,000美元將會成長為3,600美元。假如在1927

年把1,000美元投入紐約證交所指數（New York Stock Exchange Index，一個股市指數），那麼到了1978年則會增值為67,500美元。

假如有一個投資人，他可以正確預測1927到1978這52年間的每個月份，是債券還是股市表現好，然後**事前**把資金轉進表現好的資產類別之中，那麼在1927年投入的1,000美元，到了1978年會成長為多少錢呢？答案是53億6千萬美元。

難怪很多投資人努力研究要在什麼時間點進出市場。參與上漲，躲過下跌，世界多美好。

實際上，大家都在買高賣低

　　實際的狀況如何呢？我們可以看一下資料。首先我們來看台灣投資人投入境外股票型基金的資料：

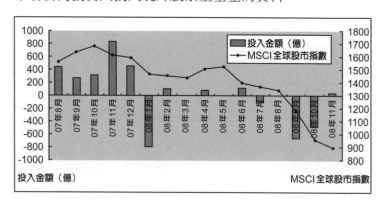

　　在這張圖表中，柱型直條代表台灣投資人該月買賣境外股票型基金的投入金額，正值表示淨買入，負值則代表淨賣出，單位是億新台幣。折線代表的是摩根史坦利全球股市指數。期間是從2007年8月到2008年11月，剛好是全球股市由上漲變下跌的轉折時期。（資料來源：投信投顧公會網站）

　　整體境外基金投資人到底在做些什麼呢？

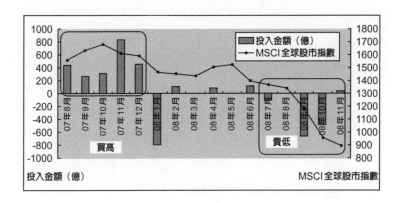

加上上圖的一點簡單注解後，我們可以看到，這是標準的買高賣低。投資朋友應該都還記得，在2006年、2007年，正是基金火熱的年代，每期理財雜誌都在報導，某某基金又賺了百分之幾十。在每個財經討論區，似乎沒有正30%都是不及格。似乎只要你敢投入新興市場，厚實的報酬就等著你來拿。可惜當投資人看到令人流口水的報酬進場後，等著的卻是一個名叫次貸的超級強烈風暴。

看來台灣投資人對境外基金的進出場時機抓得相當不好，那我們來看台灣投資人在他們較為熟悉的台股市場裡是否有較好的表現。

下面我們可以看到投資人買賣台股基金的金額與同時期加權股價指數的變化如下表：

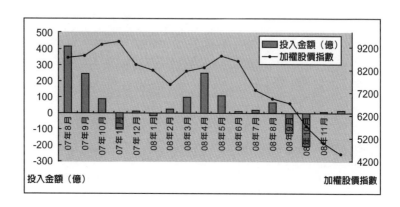

在這張圖表中，柱型直條代表台灣投資人當月買賣台股基金的投入金額，正值表示淨買入，負值表示淨賣出，單位是億新台幣。折線則是同時期的加權股價指數。期間一樣是2007年8月到2008年11月。（資料來源：投信投顧公會網站）

我們又看到買高賣低的行為模式：

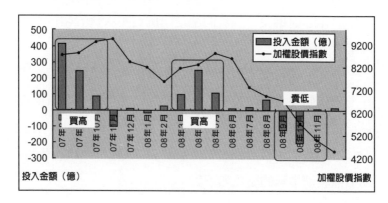

　　在這樣的模式裡，我們完全看不到在高點出脫，在低點買進的影子，完全沒有。整體投資人正表現出強烈的自殘傾向，以極差的進出時間點戕害自己的投資報酬。

　　看來台灣投資人真是吃鱉連連，投資境外，買高賣低，投資國內，還是在買高賣低。難道台灣投資人特別不行嗎？

　　那麼接下來我們來看些國外的資料，下面是以美國的資料為例：

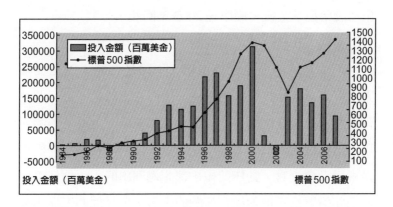

　　這張圖表的資料期間是1984年到2007年，共計14年。圖中柱型直條表示美國人在該年投入股票型基金的金額，正值表示淨投入，負值表示淨贖回，單位是百萬美元。折線則是用來衡量美國股市表現的標普500指數。（資料來源：2008 Investment Company Fact Book）

　　我們可以看到，美國人的表現恐怕沒有比較好。美國

股市在90年代創下絕佳的十年年化15.5%報酬（以標普500計算）。但在這之前的80年代，我們只看到零零落落的投入，根本沒有什麼資金已經事先進場等著上漲。

在股市飆漲的90年代，投入基金的金額巨幅上升。在股市創下高峰的2000年，美國基金投資人單年投入創記錄的3,094億美元進入股票型基金。然後剛好參與了之後2001、2002這兩年的重挫。這兩年是低點的兩年，投資人甚少買進，甚至還在賣出。而當他們在2002年開始出清股票型基金後，股市在2003年回漲了。

美國人在做什麼？很抱歉，還是在買高賣低。

不論是國內還是國外市場，不論是台灣人還是美國人，買高賣低是投資人的通病。值得注意的是，每一個執行這些買進與賣出動作的投資人，那些成千上萬，集體表現出這種投資行為的人都不是笨蛋。他們都和你我一樣，是會思考會查看，動作前幾乎都想過理由的人。他們不可能不知道買高賣低對投資報酬的傷害，但是他們表現出來的動作，卻正是在買高賣低。

為什麼會這樣？

因為在股價高漲時，以「看好」為理由買進，在股價下跌時，以停損或保有獲利為出場的藉口，這些看起來很有道理的投資「原則」，就是現實世界裡的買高賣低，也是太多投資人難以跳脫的窠臼。

找不到成功的人

假如在正確的時間點進出市場是可以辦得到，而且可以持續的事，那麼我們回顧投資界，應該可以找到這方面的大師，靠著持續且準確的預知市場走向而成功致富。

想想看，真有這種人嗎？

我們可以看看一些沙場老將對這件事的看法。

巴菲特說過：「因為我對此毫無概念，所以我絕不試圖去預測整體企業或股市在未來一兩年的表現。」

彼得・林區說：「我也想要可以預測市場走向和事先知道景氣衰退。但既然這是不可能的，那麼我寧願和巴菲特一樣，滿足於尋找有獲利潛能的公司。」

價值投資之父葛拉漢也說：「假如在華爾街的六十年中，我曾注意到什麼的話，那就是人們不曾在預測市場走向方面獲致成功。」

假如預測市場走向是有意義、可行且對報酬有益的事，那麼為什麼巴菲特、彼得・林區等人不去嘗試呢？這是因為他們知道，這是辦不到的事。

不要麻煩自己已經過勞的大腦再去從事無意義的事，

更不要相信別人宣稱自己可以完成連大師都直接放棄投降的任務。放下這些市場預測「資訊」，你會發現，原來它們全都是噪音。

第七章

不須擔憂市場起伏的投資心法

投資的真義：參與經濟的成長

指數化投資的目的除了達到平均報酬，日復一日、年復一年的打敗一半以上的市場參與者之外，它還有個非常重要的涵義，那就是讓投資人持有經濟的一小塊。

公司是什麼？我們為什麼要持有它的股份？

公司是人類生活所需的各種服務與產品提供者。我們需要液晶螢幕，奇美可以提供。我們需要汽油，中油煉製給你。我們想要騎腳踏車，傑安特可以設計組裝。每一家上市公司都可以滿足人類某方面的需求。也必然如此，因為公司的產品與服務必須被需要、被購買，那麼公司才有營收，才可能有盈餘，才能繼續運轉。一家公司的產品若沒有市場，倒閉將是它可以預見的未來。

上市公司是經濟體的一部分，但不是全部。我們走在街上看到形形色色的營業店面，也都是屬於經濟體系的一部分。

　　我們之所以選擇投資那些在公開市場裡發行股票的公司，有兩個原因。第一是它們**可以投資**。你無法持有住家附近的小麵館和水電行的股份，這些小小的營業體雖然也是整體經濟的一部分，但因為它比較小，沒有發行股份，所以投資人不易持有。投資人不可能去持有成千上萬間個體店面和未上市公司一部分的股份。所以我們退而求其次，以指數化投資工具持有每一家上市公司的股份。

　　第二個原因是，**能公開發行股票的公司，通常也就是經濟體中較大、較具有代表性的生產者**。公司必須有相當的市場與營業收入才能達到上市的標準。持有這些公司的股份其實就是持有經濟體中具有代表性的一塊。這也就是為什麼，假如全市場指數化投資工具不存在或不適用時，我們可以選擇追蹤大型股的指數化投資工具來替代。大型股幾乎都是營收龐大的企業。一家每年營收100億和一家每年營收1億的公司，哪一家會是大型股，哪一家會在經濟體中占有較大的一塊？答案顯而易見。

　　指數化投資的要義就在於持有人類生產工具中的一小塊。這個生產工具也許是生產產品，也許是提供服務，是經濟體系中的提供者。當人類經濟成長時，指數化投資工具讓投資人參與經濟成長，從中獲利。

爲什麼經濟可以持續成長？

　　在深入思考爲什麼要投資之後，常會觸及一個核心問題，我們有什麼理由相信人類經濟可以維持向上的趨勢？

　　人類生活水準的提升是一連串發明所帶來的結果。從18世紀中葉開始的第一次工業革命，蒸氣動力被用爲生產工具，人類社會的產能便大幅提升，財富與人民的生活水準連帶向前躍進。19世紀末到20世紀初，又有電力發明帶來的第二次工業革命。這段期間也是電話、汽車、無線電通訊發明的年代。資料顯示，美國六〇年代一個工人的產能是南北戰爭時代工人產能的五倍。原因並不是六〇年代的一天有120個小時，也不是六〇年代那時的礦脈特別容易開採。而是在於人類科技的進步。人類社會的富足和便利並不是大自然慷慨的施與，而是一代又一代的人類，使用更鋒利更有效的器具向大自然索取。

　　一萬年前，我們手持斑駁石器的老祖先們，能想像他的後代會以光（雷射）和水（水刀）做爲切割工具嗎？我們使用的工具已經超乎手握石器的人類最狂野的想像。

　　這些科技並不需要剛落地的新生代人類重新去思考研

發。一個張嘴大哭，揮搖著小手的新生兒從踏入世間的這一刻起，這些最新的科技就已經在圖書館、在實驗室、在工程師的腦海裡等著他們。每一代人類都是踩在前人的肩上，遙望更多的可能。

科技創新正是推動經濟成長的引擎。在過去三百年，引領科學進步的歐洲和美國不僅為自己的國民帶來較高的生活水準，也成為了今日的富裕國家。

人類腦子裡的想法才是真正值錢的東西。所有有形的財富都是無形的想法所創造的。即便是黃金也是人腦認為它有價值才具有價值。雖然藉由傳承，現代高中畢業生所學到的知識已經比三百年前的頂尖科學家還要豐富。

然而，人類也傳承了一些相當負面的東西。從來沒有一個物種在開發毀滅自己同類的工具上，累積了那麼多的經驗和知識。從弓箭、長矛，到槍彈、毒氣、原子彈。更恐怖的是，這些東西都曾實際被人拿來用在另一個或另一群人身上。

人類是個同時具有自我增進和自我毀滅特性的物種。因為對生活現況不滿，所以不斷的思考怎樣才能更好。因此才有了各方面的創新成就。但戰爭、動亂卻會迅速消耗掉一個國家的資產和動能。在追求更好的過程中，人類也因此歷經波折。像是兩次世界大戰、瀕臨核戰的古巴危機。文明的毀滅其實並不像想像中那麼困難。

　　投資觀念裡最不理性的一面就是選擇樂觀，選擇相信人性。相信好人還是比壞人多，相信人類會克服自己的劣根性，相信人類會繼續進步，相信公司財報中會偽造帳目欺瞞大眾的終究是少數。沒有任何理論或根據可以證明這些事情將永遠成立，但你也只能選擇相信。

　　人們終日汲汲營營，就是相信自己的努力終將帶來一些改變。選擇一個立足在相信人性的投資理念，其實也是對自己，對全體人類投下一張信賴票。

　　不過想要有更好的經濟生活，將取決於實際的生產和付出，而不在金融市場裡的遊戲。假如每個投資人藉由參與金融市場就能獲得豐衣足食的生活，那還有誰要從事實際生產？投資致富只是一個夢罷了。它也必須是一個夢。假如投資致富是個人人都能實現的美夢，那人類社會必然會因為沒人從事實際生產而崩解。真正的致富之道在於每個人的本業，而不在螢幕上跳動的數字。

參與市場的正確心態

在瞭解指數化投資工具讓你持有生產工具的一小塊之後，這個概念將會為你的投資觀念帶來重大變革。

有句古老的諺語說道：「養雞是為了牠的雞蛋、養牛是為了牠的牛奶、種果樹是為了它的果實。」

那買股票呢？買股票是為了它的股利。任何可供投資的金融資產的價值就是它未來所有現金收入的折現價值總合。債券價格就是未來所有利息與本金收入的折現總合；房地產價格就是未來租金收入的折現總合；股票價格是未來所有股利收益的折現總合。債券是這樣、房地產是這樣、股票也還是這樣。

即使現在你買的這張股票都不發股利，錢都被公司拿去擴建工廠，但你發現股價還會漲，這代表投資人預期公司成長後，將有更大的可能發出更多的股利給投資人。在公司破產之前，將它每年發出的股利進行折現，算出現在價值，然後加總，這就是股票現在應有的價值。

所以，股票和會結果實的果樹並無二致。擁有一株果樹，你將擁有這棵樹在它枯死之前每年的收成。握有股

票，你將獲得公司倒閉前每年配發的股利。

　　但假如有個熱絡的市場，每個營業日都會開市，開市的時候果樹的價格每分每秒都會被重新評估。有時候聽說寒冬將至會把果樹凍死，價格就會一落千丈。有時又聽說風調雨順，收成率超高，結果果樹又變得熾手可熱。這個市場在農業界只是筆者比喻用的想像，但在金融界，這個市場確實存在著。每天開市，每家公司的股票都在市場中被成千上萬的參與者熱切的重新評估價值。

　　假如你是個種果樹的果農，你的獲利來自那裡？是來自於果樹壽命終止前所帶來的每一次收成，還是在果樹拍賣市場中，試著便宜時買進果樹，高價時賣出果樹呢？

　　我們假設果樹拍賣市場有1,000棵果樹和100位參與果農。而這100位果農都很積極的參與拍賣市場的果樹買賣，都想要在低價時買進果樹，高價時買出果樹。這會有什麼結果呢？

　　不會有任何結果。這100個果農中，有人低價買進就代表另一邊有人低價賣出，有人高價賣出就代表另一邊有人高價買進。有人賺錢，就一定有人賠錢。這是個沒有結果的零合遊戲。

　　不管果農如何買賣，這1,000棵果樹還是每年結果。這些果實才是照顧這些果樹的真正回報，才是對人類社會真有價值的成果。

回到投資的正題。假如你是個股票投資人，你的獲利來自那裡？是來自於公司每年發出的股利，還是在股票市場中試圖低買高賣呢？

股票市場中的公司成千上萬，投資人以百萬千萬計，但原理與假想的果樹拍賣市場完全相同。以單一投資人來看，某些人在買賣證券時或許會拿到比較好的報酬。但就整體投資人來看，試圖買低賣高絕不會為整體投資人帶來更多的報酬。

股票市場為投資人所帶來的收益，絕不可能多過這些股票代表的企業所能獲取的盈餘，那是毫無可能的事。如果在果樹拍賣市場可以讓果農賺到比種果樹等收成還要多的金錢，那麼水果就將從市場消失。因為果農都將整天在市場裡買進賣出，不照顧果樹了。假如股市投資人可以比創業工作的人賺得還多，那麼誰還要工作？大家都在股票市場中從事數字遊戲就好了。

這也就是為什麼價值投資之父葛拉漢會在他的傳世名作《智慧型股票投資人》（The Intelligent Investor）一書中寫下：「**投資真正的收益來自於擁有與持有證券，不在於買賣證券。**」

指數化投資工具讓投資人擁有與持有證券，不僅讓投資人分享經濟成長的果實，也讓投資人免除參與短期波動的情緒困擾，更可以進一步利用其他市場參與者的情緒障

礙獲利。

　　指數化投資人知道，他投資的目的在於持有經濟體的一小塊。公司每一小塊的盈餘價值30元時，投資。每小塊盈餘價值10元時，也一樣要投資。持續的投入，指數化投資人在高點買、在低點也買，必然可以獲得不高也不低，也就是平均的買進成本。

　　指數化投資人也知道，短期之內當他回顧投資成果時，會看到短期市場波動決定他的帳面成敗。在相對高點買進的部分，日後市場下跌時便會出現嚴重虧損，讓他懷疑投資是否是個正確的行為。在市場低迷時買進的部分，日後反彈時則會出現重大獲利，讓他想獲利了結，暫時離開市場。

　　但指數化投資人心中更相信的是，不管市場如何波動，他就是持有經濟體的一小塊。他這塊持份不會因為市場的漲跌而消失。這塊持份就是享受經濟成長的入場券。他會緊緊握住這張入場券，他甚至會希望能有多一點入場券大拍賣的時刻，讓他累積更多持份。指數化投資人就像一個實在的果農，期望慢慢累積出一大片果園，收取大量的結果收成，而不是每天（或每小時？）將果樹拿去市場上待價而沽，看能否賣到好價錢。

　　指數化投資人必須忍受市場短期內對他的經濟持份做出的不同評價。評價是正面時，通常不會有太大的問題。

但面對負面評價時，投資人必須有堅強的心理建設與信仰
讓他度過這段時期。

　　著名經濟學家凱因斯曾經說過：「真正的投資人必
須能平靜的接受手上持股的減值，而且不因此而責難自
己。」這正是以指數化投資工具參與市場時應有的態度。
而筆者在此想加上一點：「真正的投資人也必須能平靜的
接受手上持股的大幅增值，而且不將這歸因於自己的技
巧。」因為短期之內的成功和失敗、獲利與虧損，都只是
瘋狂市場的波動起伏，不是你的過錯也不是你的功勞。

　　當投資人知道他持有的指數化投資工具幫他持有經
濟的一小塊時，他會想在低點多買。而市場低迷時，正是
大多投資人悲觀恐懼之時。當指數化投資人想要在低點多
買一些時，不知不覺的，他已經符合巴菲特所說：「**當別
人恐懼時，我貪婪。**」的基本心法了。雖然絕大多數投資
人不可能達到巴菲特的選股能力，但他這句話中所顯示的
「買低」原則卻是基本算術，是股市中增加獲利與減低損
失的不二法門。

　　請不要低估在低點持續買進所需要的勇氣。低點代
表想賣的人比較多，代表這時候的大多數人，不管是散戶
還是專家，都覺得股票不值得持有。當大家都說股票很糟
糕，而且還有很多專家分析給你聽，為什麼股票很糟糕，
還分析的頭頭是道，再看到之前投入的全都是虧損時，你

是否還有逆眾而行，堅持到底的勇氣？

　　這時你必須再思考一次，自己透過指數化投資工具持有的到底是什麼？再想一下大多數投資人都在買高賣低的事實。讓投資的基本道理在你腦海中轉過一遍，你便可以利用市場，而不是被瘋狂的市場逼得無所適從。

　　沒錯，持續的投入會讓指數化投資人避不開空頭。持續的投入也的確會讓指數化投資人有時買在高點。但使用指數化投資工具的根本要義，就在於擺脫短期市場起伏的情緒。

　　避不開空頭？為什麼要避開空頭？當投資人悲觀哀傷時，當股價便宜拍賣時，你為什麼要離開？假如你是個3C用品迷，你會錯過資訊展嗎？假如你是個需要化妝品打扮的漂亮女生，你會錯過週年慶嗎？假如你是股市投資人，為什麼你要逃離大拍賣，錯過股份低價轉手的時刻？指數化投資概念讓你擺脫情緒困擾，讓你有在低點投入的勇氣，讓你在大家都說要遠離拍賣市場時，開心的進場買個痛快！

　　指數化投資會讓人有時在高點買入？那有什麼關係。以指數化投資概念持續的參與市場，讓投資人有時買在高點，有時買在低點，以整體平均來看，就是不高也不低的參與成本。假如市場走勢有個不變的真理的話，那就是：「它會波動。」

　　到底怎樣才會是個聰明的選擇？試圖猜測短期內整體投資人不理性的心情起伏？還是相信持有與擁有，相信股市將反應經濟增長的成果？

　　當著重短期價差變化的投資人每天焦躁不安，甚至妨害本業時，著重長期經濟成長的指數化投資人則可以心情平靜的踏過市場的每段起伏。

　　巴菲特說過：「股市投資人最大的敵人，就是情緒和費用。」這句話就是所謂巴菲特的四個E，原文是：「The greatest Enemies of the Equity investor are Emotions and Expenses.」。

　　指數化投資工具，可以一口氣解決掉投資人的費用與情緒問題，一次處理掉巴菲特心中的兩個大敵，這也就是為什麼巴菲特會說：「**對大多數投資人來說，不管是法人還是散戶，一個低成本的指數型基金是最有意義的股票投資方式。**」

投資的眞正風險

進入股市之前一定要體認到，就是短期之內股市可能漲也可能跌，而這個漲跌是全體投資人投票決定的，你無法事先掌握投票結果。如果你投入股市是希望達成短期目標，有太重的投機心態，那麼你的投資將具有太多賭博的成分。

譬如你現在投入50萬到股市，希望明年就能成長到75萬以便買車。那麼明年此時或許你的50萬會變得更多，甚至超過目標成爲100萬，讓你買更好的汽車。但也可能從50萬變成5萬，讓你的豐田汽車變三陽機車。

投資人不能只想到成功的果實，更要想到失敗的後果。短期目標非常不適合以股市做爲投資目標。短期內像是五年就要用到的錢，請放在定存或高品質債券等可以保值的工具。

這是市場風險的第一個面向：「短期風險」。短期風險除了讓股市不適合用於完成短期目標外，它更考驗投資人的風險忍受度。

常有許多人說自己的風險忍受度可以到負20%或是

負30%。這個意思是，當投資標的跌到負30%時你還受得了，仍然可以握有這個標的不放。但假如跌到負30%時你就開始想要停損出場，或是想轉換其它標的把錢賺回來，這就代表你根本受不了這個跌幅。這麼一跌就把你震出場了。

忍受短期波動的目的在於抓取長期增值的可能。我們常看到過去股市能有年化後相當於每年9%、10%的報酬，就是持有不動的成果，也就是忍受每月每年的巨幅波動，中途不停損出場也不獲利了結的成果。

很多投資人常會高估自己的風險忍受度。這就像你在飛行模擬器上體會墜機和在真的航班中經歷墜機是完全不同的心情。投資人應保守估計自己的風險忍受度，特別當你是一個市場新手，從沒真正經歷過大跌時，更應該保守估計。

高估風險忍受度會讓你買到一個波動幅度超過你忍受度的投資標的，會讓你在該投資標的最便宜時形成帳面上你無法容忍的虧損，讓你不敢繼續投入，反而黯然出場完成賣低的動作。

所以面對股市投資的短期風險時需注意的兩個面向，一是不要用股市來完成短期目標，二是不要被股市的短期波動，特別是負向變化震出場外。

前面提過，忍受短期波動的目的在於獲取長期增值的

可能。而這裡就要討論到股市投資的真正風險，一個真正可怕，卻被太多數人忽略的風險。那就是，**就算時間放得很長，股市投資仍可能是虧損的！**

　　也就是說，就算你用正確的心態參與股票市場，用股票市場完成長期目標。像是為你現在0歲的小孩籌措留學費用，或是為三十年後的退休積存老本。這都是很正確，可以考慮利用股市達成的投資目標。但是股市所能允諾的僅是**可能**達成目標，不是**一定**達成目標。股市沒有義務也沒有責任，保證投資人只要投資時間放長就會產生獲利。從股市中獲利更不是憲法明訂的天賦人權。

　　美國股市從1966年到1983年這十七年間，實質報酬是零。日本的日經指數在1989年12月達到38,957的歷史高點，在二十年後的今天看來，仍是一個高不可攀的數字。

　　長期股市獲得負報酬在過去是確實發生過的事，而在未來仍可能再度發生。假如你認為長期參與股市，三十年後等著你的必然是正報酬，那麼你根本還不瞭解股市投資的真正風險。假如你不能接受現在努力的研究股市投資，在二十年後金錢累積卻可能反而輸給定存的話，那麼定存很可能才是你真正該走的投資之路。為什麼？因為進入股市將讓你承擔你所不瞭解的風險。

　　而且值得注意的是，長期投資後出現負報酬的可能，

並不會因為投資人將參與股市的時間切成許多短進短出的時段就可避免。其實這些週轉率過高的投資人，反而將因為交易成本而更可能少賺多賠。

太多金融業者整天畫出每年8%、9%、10%（數字大小與當時股市指數高低成正比）這種大餅給投資人，卻不好好解釋長期下來股市可能是負報酬或零報酬這個真正的風險，這是很嚴重的失職。

為什麼會這樣？股市不是應該反映長期經濟成長嗎？在人類不斷創新與努力之下，股市難道不該跟著經濟一起成長嗎？

關於這點，我們還需要一點對人類基本經濟體系的體認。

目前大多數人類使用的經濟制度為資本主義。以資本的累積來推動生產計畫，將新產品與服務推廣出去，獎勵發明者和創業者，也提升全體人類的生活水準。這個制度是近二百年來人類經濟發展的重要功臣。但很不幸的，它並不完美。最糟的一點就是，它無法帶來每年穩定的經濟成長。經濟發展的路途常是跌跌撞撞。

長期以來，全球主要經濟體雖都呈現成長的態勢，但也有悲慘負面的時刻。三○年代的美國大蕭條、七○年代的高通膨、九○年代的亞洲金融風暴、二十一世紀初的網科泡沫、還有2008年由美國開始，進而蔓延全球的次貸

風暴，這些都是經濟成長路上的顛簸。

我們早就知道這個系統有問題。但這個經濟制度也是現今人類擁有如此充沛物質享受的根本原因之一。在我們還沒發展出更好的經濟體系之前，我們只好繼續使用這個制度，並和它的不完美一路奮戰。

我們不知道也無法控制，是否我們投資的年代就是經濟沒有成長的時代。你必須要接受這個可能。這是你進入市場前，一定要有的心理建設。

而事實上，經濟發展過程中的不平順正是股市可能獲取較高報酬的根本原因。假如人類發展出一種新的經濟體系，每年固定會有實質4%的成長，通膨永遠固定在2%，那麼股市投資所伴隨的高報酬便將隨之消失。因為變幻莫測的風險將變成可以預知的結果。當未來變得可以預知，也就是沒有風險時，高報酬就消失得無影無蹤了。就像你知道定存100萬台幣一年後可以拿回多少錢一樣。假如股市可以預知，那麼等著你的就會是定存般穩定而低廉的報酬數字。

股市投資人正是因為承擔了短期或長期下來都可能輸給定存的風險，所以他們才有在股市中拿到勝過定存報酬的可能。風險就是用來換取報酬的貨幣。你一定要付出、承擔這個風險，才有可能獲得這份報酬。天下沒有白吃的午餐。

　　投資人一定要知道，就算你長期參與股市，用很正確的態度、很好的工具參與股市，等著你的還是有可能是負面的結果。

　　沒錯，正是如此。假如這些論點已經開始讓你覺得股市投資不是那麼有趣，甚至有點糟糕，那麼我恭喜你，你的投資心態已經向前跨出一大步，你已經知道「風險」這兩個字代表的是什麼了。

指數化投資的實戰成績

　　講了那麼多理論，實際上指數化投資到底有沒有用呢？在這章，筆者將列舉一些主動型境外基金與指數化投資工具相比的成績。

　　近年來，「新興市場基金」是投資人人手一支的當紅炸子雞。我們來看看幾家主要的境外基金公司所擁有的新興市場基金，拿它們與新興市場指數型基金相比，會得到怎樣的成績呢？

　　下表中第二行是Vanguard新興市場指數型基金，報酬資料來源是Vanguard網站（注1）。第三到第七行分別是國內現在和過去買得到的新興市場基金，包括**聯博**-新興市場成長基金- A-USD、**富達**-新興市場基金- A-USD、**富坦**-新興市場基金-A-USD、**貝萊德**-新興市場基金-A2-USD和**施羅德**-新興市場基金- A1-USD。報酬率數字來自台灣晨星網站（注2）。表中僅標出基金公司名稱來代表

該基金。

年度	Vanguard	聯博	富達	富坦	貝萊德	施羅德
2008	- 52.81%	- 56.69%	- 59.85%	- 52.82%	- 54%	- 52.28% *
2007	38.9%	34.04%	43.05% *	27.87%	39.41% *	40.82%
2006	29.39%	28.14%	32.74% *	27.1%	28.47%	30.92% *
2005	32.05%	29.08%	43.83% *	26.47%	35.2% *	31.22%
2004	26.12%	27.49% *	20.86%	22.22%	24%	17.45%
2003	57.65%	51.71%	49.14%	52.07%	53.9%	58.39% *
2002	- 7.43%	- 7.62%	- 7.88%	0% *	-9.86%	✕
2001	- 2.88%	- 12.64%	- 4.09%	✕	-11.07%	✕

＊ 上表中列出指數型基金和各基金從2001年到2008年的報酬率。打✕的格子
表示該年末有資料。數字後面有＊符號者，則表示該年該基金打敗指數型基
金。

　　我們可以從表中看到，在這八個年度之中，主動選股
的境外基金從來不曾有半數以上贏過指數型基金，在任何
一個年度裡都沒有。甚至在2001年裡，還全部輸給指數
型基金。在2002、2003、2004、2008四個年度裡，只有
一支主動型基金贏過指數型基金。在2005、2006、2007
三個年度，有兩支基金贏過指數型基金。

　　也就是說，假如你要用這些主動型基金持續獲取超越
指數型基金的報酬的話，你要在2002年選富坦的新興市
場基金，在2003年換成施羅德，在2004年換成聯博，在
2005年到2007年持續持有富達，然後在2008年再換回
施羅德。你如何能在事先知道要這樣轉換？這是有可能達

成的任務嗎？甚至你得還要祈禱這些可以打敗指數型基金
的境外基金還沒被下架。

　　或者你有一個更聰明的辦法，就是直接選擇指數型基
金，然後反過來讓主動型基金苦苦追趕你？

　　太多人在上漲的市場裡滿足於手上基金的回報，卻不
知道那是連指數都不如的報酬。假如你的基金公司及經理
人不能幫你拿到超越市場的報酬，那麼爲何你每年不論是
賺或賠，都得支付1.5%的經理費呢？

　　其實就供需層面來看，應該是主動型基金公司需要投
資人，而不是投資人需要主動型基金公司。

　　我們再看範圍更大一點的例子。台灣晨星匯整了在台
販售的各類型基金（包含境內與境外）的績效表現。以下
表格匯整了新興市場股票、歐洲大型均衡型股票、美國大
型均衡型股票與拉丁美洲股票四種類型的基金。在這四類
型基金中，將晨星基金平均與對應的指數化投資工具的績
效比較。若指數化投資工具勝過晨星基金平均，後面便會
標示「勝」字，若指數化投資工具輸晨星基金平均，則標
示爲「敗」。以下是2008年的表現：

投資類別	新興市場股票
晨星基金平均	- 54.69%
Vanguard 新興市場指數基金	- 52.81%（勝）

巴克萊新興市場ETF	- 50.01%（勝）

投資類別	歐洲大型均衡型股票
晨星基金平均	- 46.08%
Vanguard 歐洲股市指數基金	- 44.73%（勝）
巴克萊標普歐洲350ETF	- 45.71%（勝）

投資類別	美國大型均衡型股票
晨星基金平均	- 39.75%
Vanguard 標普500指數基金	- 37.02%（勝）
巴克萊晨星美國核心大型股ETF	- 31.5%（勝）

投資類別	拉丁美洲股票
晨星基金平均	- 54.24%
巴克萊標普拉美40ETF	- 47.69%（勝）

以下是 2007 年的表現：

投資類別	新興市場股票
晨星基金平均	39.5%
Vanguard 新興市場指數基金	38.9%（敗）
巴克萊新興市場ETF	33.42%（敗）

投資類別	歐洲大型均衡型股票
晨星基金平均	12.58%
Vanguard 歐洲股市指數基金	13.82%（勝）
巴克萊標普歐洲350ETF	11.99%（敗）

投資類別	美國大型均衡型股票
晨星基金平均	4.74%
Vanguard標普500指數基金	5.39%（勝）
巴克萊晨星美國核心大型股ETF	8.23%（勝）

投資類別	拉丁美洲股票
晨星基金平均	42.11%
巴克萊標普拉美40ETF	48.57%（勝）

　　從上面的資料中我們可以看到，在這兩個年度中，除了在2007年，晨星基金平均在新興市場的類別打敗了指數化投資標的，以及同年的歐洲市場類別，晨星基金平均打敗了巴克萊的ETF外，其它全部都是指數化投資工具勝過晨星基金平均。

　　所以指數化投資工具其實是相當頑強而難以打敗的。這也就是爲什麼這些基金公司成天拿他們的基金和同類型基金平均報酬相比，卻不敢和指數型基金或ETF相比，因爲他們怕被投資人發現，付出高額經理費卻落後指數的難堪事實。

注1：http://www.vanguard.com/
注2：http://tw.morningstar.com/

指數化投資獲得的認同

指數化投資已經是獲得廣泛認同的投資方法。

譬如當初推動指數化投資起家的Vanguard資產管理公司，旗下的全美國股市指數基金（Vanguard Total Stock Market Index Fund）。這支基金截至2008年11月30日止，已經有787億美元的資產總值。以1美元兌33元台幣來計算的話，這一支基金就有2兆5,971億台幣的資產總值。

在投信投顧公會網站我們可以查到，在2008年11月台灣共有512支境內基金，總值1兆3,640億台幣。共895支境外基金，總值9,750億台幣，兩者合計共有2兆3,390億台幣的價值。

也就是說，光Vanguard這一支基金的總值，就超過全部台灣投資人投入本土和境外共計1,407支基金的總值。

Vanguard公司還有一支標普500指數型基金有748億美元（超過兩兆台幣）的資產，還有歐洲股市指數、新興市場指數、債券市場指數等許許多多的指數型基金。

　　沒有人強迫投資人去投入那些基金。每支基金中的每一分錢，都代表投資人對該基金的一分認同。指數型基金的重量級地位，正代表投資人對它的廣泛認同。

　　許許多多的投資界人士，不管是學界還是業界，也都公開支持指數化投資。

　　1990年諾貝爾經濟學獎得主威廉‧夏普（William Sharpe）說：「**我大部分的投資都在股票指數型基金中。因為我好奇為什麼當別人（經理人）拿你的錢去賭博時，竟還要付錢（經理費）給他呢？**」

　　很多人會去研究主動型基金的夏普比例（Sharpe ratio），但卻不知道夏普本人支持指數化投資。

　　巴菲特說：「**對大多數投資人來說，一個低成本的指數型基金是最有意義的股票投資方式。我的導師葛拉漢先生在多年以前便採行這個觀點。而之後我的所見所聞，讓我更加確信這個觀點。**」

　　彼得‧林區說：「**大多數的投資人都應該購買指數型基金。**」

　　這兩位選股大師知道自己的成績是一般人難以複製的異數，所以才會推薦簡單可行的指數化投資。

　　知名財經作家，《投資金律》作者威廉‧伯恩斯坦（William Bernstein）說過：「**指數化投資幾乎可以保證為你帶來傑出的表現。**」

　　美國知名財經記者傑生‧史維格（Jason Zweig）表示：「**長期下來，指數化投資的優異表現是種數學上的必然。**」

　　可惜的是，當許多國外知名人士都一致贊揚指數化投資時，台灣本地的投資環境除了對台股可以有效進行指數化投資之外，若想取得國際股債市的指數化投資工具，卻是相當不易。這在本書Part 3〈指數化投資的管道〉一篇中將有更多的說明。

你可以藉由指數化投資得到什麼？

總結來說，指數化投資有以下的優點：

（1）持有市值加權的指數化投資工具，你的獲利將持續超越一半以上試圖主動選股的投資人。

整個市場只有兩種投資人，主動和被動。指數化投資人就是被動投資人，他不選股票，但卻持有市場上所有的股票（或占絕大部分市值的股票），每支股票持有比率與該公司市值占總市值的比例相同。而主動投資人，就是非被動的投資人。他主動選股，試圖買進有上漲可能，賣出有下跌可能的持股。

所以整個市場的參與者就是被動和主動這兩種，沒有其他人。整個市場的總報酬率必定等於主動和被動投資人這兩群人的報酬平均。

市場報酬＝（主動投資人報酬＋被動投資人報酬）之平均

先不計算成本，被動投資人的報酬就等於市場報酬，因為他就按照市值比例持有個股。既然被動投資的報酬等於市場報酬，那麼主動投資整體的報酬也會等於市場報

酬。所以可以推知，整體被動投資人和整體主動投資人的
報酬都會等於市場報酬，但這並未計入成本考量。

　　被動投資人可以用指數型基金或ETF，以每年0.2%
的成本進行投資（實際成本將視投資標的而定），所以他
的報酬會比市場報酬低0.2%。而主動投資人，不論是利
用主動型基金還是自行選股，他的投資成本通常每年不止
0.2%，假設是每年2%好了，那麼主動投資人整體的報酬
就一定會比市場報酬低2%。

　　舉例來說，某年某市場的報酬是8%，那麼被動投資
人整體平均報酬是8%減0.2%等於7.8%，而主動投資人
的整體平均報酬則是8%減2%等於6%，所以**被動投資人
整體平均成績一定優於主動投資人整體的平均**。

　　而超越平均的主動投資成績幾乎都無法延續，所以指
數化投資長期下來必將獲得十分優異的成績。

（2）持有指數化投資工具，將持續打敗所有試圖擇時進出
　　市場的投資人

　　在每分每秒的漲跌變化中，投資人跟著忙進忙出。但
就是這些進出的成本讓他們在這段期間拿到比市場平均更
少的報酬，或招致比市場平均更多的虧損。持有不動將保
有最多的獲利，招致最少的虧損。

　　持有不動也將免除買高賣低的投資人通病。這裡要

再強調一次，投資人拿到的報酬是市場與自己的行為兩者共同決定的。市場無法控制，但自己的行為卻是可以控制的。當你持有不動時，其實你就打敗了那些追高殺低的多數投資人。

（3）持有指數化投資工具讓你持有整體經濟體系的一小塊

　　全市場指數化投資工具或占多數市值的指數型基金和ETF（譬如美國標普500指數型基金和台灣50 ETF），將讓投資人持有供應人類需求的經濟體系中的一小塊，讓投資人參與經濟成長的果實。

（4）指數化投資是最有效率的投資方式

　　指數化投資人不用挑選股票，不用進出市場，就能拿到打敗多數投資人的報酬。只要花費少許的精力與時間，就能達成名列前茅的目標，這便是效率。只需花費很少時間關照的指數化投資，便是最有效率的投資方式。

　　投資人可以將花在主動投資與擇時進出的時間與精力節省下來，投資在自己和家人身上，讓人生更多采多姿。

（5）指數化投資讓投資人得到應有的一份

　　金融業者與資產管理業者無法替投資人賺錢。他們全都只是將市場報酬轉到投資人手上的媒介。市場絕對不是

愈多人參與，愈多人研究，它就會有愈高報酬的。

　　有些資產管理業者比較幸運，在整體報酬5%的市場中拿到了10%的報酬，所以宣稱它們創造了財富。但請問，在整體報酬5%的市場中每個人都能拿到10%的報酬嗎？市場裡會是有愈多人研究，報酬就愈高嗎？若真是如此，那麼美國股市應該是全球報酬最高的市場，因為它有最多人研究。

　　事實上這個鐵律是，一個市場不論你花再多錢研究，有再多的專家參與，整體報酬都不會更多。市場報酬是由經濟成長決定，而不是研究報告表決的。可是當投資人花了很多錢請資產管理業者研究，養活了專家（或偽專家），自己能拿到的相對就變少了。

　　當這些金融業者喊著「替你創造財富」的口號時，他們從中收取的高額費用正是投資人連市場報酬都拿不到的根本原因。

　　經濟進步的動力在於每個社會參與者的努力付出。或是生產，或是創新，這些成就才是推動經濟成長的動力，才是股市回報的根源。

　　每天在生產線上不斷重覆相同工作的作業員、在櫃台處理大小雜事的職員、在實驗室中不斷創新研發的研究員，這些社會上的小小個體才是真正生產力的來源，也才是股票報酬的根本。你持有股份的盈餘就是這些小人物所

創造，而不是光鮮亮麗的經理人創造的。應該受到尊重的是每一個發揮所長的螺絲釘，而不是將經濟成果轉到投資人手上時，從中扣取龐大利益的仲介者。

當基金公司喊著「替你創造財富時」，你一定要知道，他們最想要的其實是替他們自己創造財富，而他們的財富來源就在於將市場投資的成果轉移到你手上時，從中抽取厚重的一份。或甚至是沒有成果時，他們還是保有屬於他們的一份。

親愛的投資朋友們，你為什麼要**付錢**請別人**減損你的報酬**呢？

當主動型基金業者不斷拿出他們的幸運兒基金來鼓吹主動投資的好處時，投資朋友們，請記得看看他們很少談到的整體平均成績，往往連指數都不如。以及那些沒人造訪的基金墳場，看看那些連名字都不復存在的清算基金和消滅基金。

低成本的指數化投資讓你避開主動選股的無聊遊戲，讓你跳脫將自身財富分配給資產管理業者的「財富管理」。

我們不知道未來市場是否將苛刻的不願給投資人什麼報酬，或是會慷慨的給予投資人豐碩的成果。不管是哪種場景，指數化投資將給你應得的那一份。

你不該期望指數化投資帶來什麼？

（1）指數化投資沒有樂趣

　　這是指數化投資一個很嚴重的缺點：「無聊」。它真是無聊到你無法想像的地步。你不用挑證券，只要持有低成本指數化投資工具就夠了。你也不用研究何時該進出市場，只要在累積期持續投入，在花用期逐次提出就好了。

　　當朋友或鄰居說：「我買到某某飆股，在多短的時間內賺了多少錢。」你只能點點頭說：「真好。」

　　當親戚或同事說：「這次大跌前我剛好逃掉。」你還是只能面帶微笑說：「真好。」

　　指數化投資人在短期內絕不會有任何可以拿出來說嘴炫耀的個股斬獲和市場進出時點，絕不會有。

　　或許你會覺得，我比他聰明多了，為什麼還要用指數化投資這個方法呢？這時你一定要想到生存者誤差的論點（第二章有詳細說明）。當他們將自己的成果歸因於技巧時，你將可以洞悉其中的運氣成份。會拿出來炫耀的，一定是那些有成果的投資人。而很不幸的，他們這些值得炫耀的事蹟幾乎全都立足於不會再重覆出現的好運之上。等

過幾個月你看到他們不再出聲時，你便會清楚知道他們發生什麼事了。

放棄樂趣，放棄可以炫耀的機會，只因為指數化投資人知道自己選擇的將會是一條可以贏過多數投資人的贏家之路。

（2）指數化投資不會帶來鉅額報酬

永遠會有投機者獲取成功。但這些人就像樂透得主一樣，你可以羨慕他們，但不應期待複製他們的事蹟。這些鳳毛麟角的少數會被媒體吹捧、會出書寫回憶錄。但你要知道，想要追尋他們的方法獲取一樣的成功，就像模仿上期樂透頭獎得主的選號方式，然後希望下期自己中獎一樣，那幾乎是不可能的事。

媒體會報導是因為他們需要故事性的題材。金融業者會反覆提到是因為他們需要投資人相信投機的潛在好處，進而有意願進出市場買賣股票，產生大量交易，讓他們從中賺取費用。

但在任何試圖打敗市場的動作裡，只要有成本，就一定是個負和遊戲。就是這些成本使得投資人連市場報酬都拿不到。

指數化投資人乘坐的投資工具不是憑藉短期股價劇烈變化帶來資產的雲霄飛車，而是以長期實質經濟成長做為

主要動力，緩慢爬行的腳踏車。當許多投資人以為劇烈上下之中藏有獲利機會時，事實上，其中也暗藏著同樣龐大的虧損機會。當著眼於短期起伏的投資人坐了這一趟雲霄飛車後，往往發現自己回到原點（正如同試圖打敗市場是零合遊戲），而且乘坐雲霄飛車還得花錢買票（正如同計入成本後是負和遊戲）。他會發現當飛車回到原點時，一步一腳印，奮力騎著腳踏車的指數化投資人早已爬上一個山頭了。

（3）指數化投資不會受到眾人擁戴

　　或許你會想，如果指數化投資真有那麼好，為什麼那麼少人在談，為什麼我見到的都是努力選股的偉大成績、進出市場的美妙時點，和技巧超群的基金經理人？

　　那當然了。如果大家都購買指數化投資工具然後長期持有，那可不得了了，金融業者可能要倒閉好幾家。指數型基金常常是免佣金基金，如果買賣不收取以成交金額百分比計收的佣金，那麼沒有了佣金收入，這些代銷機構要如何生存？指數型基金的內扣費用常是主動型基金的六分之一到十分之一，少了那麼多錢，資產管理公司如何生存？假如投資人都買指數型基金，不試圖挑股票，也不試圖進出市場，那麼券商要怎麼從交易中賺取費用？

　　指數化投資法對金融業有很大的傷害，卻對投資人幫

助很大。主動型基金、投資人挑選股票與進出市場，這些則是對金融業有很大幫助，但卻傷害投資人獲利的投資方法。投資朋友們，你會選哪一個？

投資人的選擇在於健全的論點。選擇指數化投資是因為我們相信其立足簡單與不變的真理。真理不需眾人的贊同，對就是對。引用價值投資之父葛拉漢在《智慧型股票投資人》書中的一句話：「你是對是錯，不在於眾人的肯定或否定。你是對的，那是因為你的資料和論點是正確的。」

而當投資人知道並確信自己是對的之後，就能做到指數化投資教父柏格先生所說的：「買對，然後握牢。」

藉由指數化投資工具，投資人知道自己持有的是正確的，讓投資人擁有繼續持有的信心，讓投資人有握牢的可能，讓投資人在萬變市場中，擁有不變的投資方針。

在茫茫大海中，一個可靠的指南針將提供航海者前行的勇氣。指數化投資就是投資人行駛於金融大海中的指南針。瞭解指數化投資，然後握緊它，它將帶領你走向投資目的地。

Part 2

指數化投資的工具：
簡單的原理，簡單的選擇

第九章

指數化投資工具——
開放型共同基金

　　共同基金是一種投資工具。投資人將資金交付給基金
公司（也稱爲資產管理公司）代爲投資，因而獲得基金的
股份。投資人持有基金的股份即代表間接持有這支基金所
投資的證券與資產。

　　一支共同基金的運作中有三個主要角色（如下圖所
示）。第一個角色就是提供資金的投資人。共同基金的資
產來自投資人，爲投資人所共同擁有。第二個角色則是基
金公司。基金公司負責決定投資方針，進行操作。最後一
個角色則是資產保管人。這個保管人常是銀行或信託公
司，由他們來保管基金的資產。重點是，基金資產不屬於

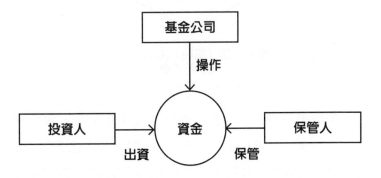

基金公司也不屬於保管人。基金資產是由基金投資人所共同持有。基金公司代爲操作以及保管人代爲保管皆需收費。其費用直接從整體基金的資產內扣除，對投資人來說是一種內扣型的支出。

　　每支基金每天都會計算一次淨值。譬如某基金持有的證券和資產共值100萬元，而基金共發行1萬股，那麼基金的每股淨值就是100萬元除以1萬股等於每股100元（如下圖所示）。假如過了一天，市場下跌，收盤時基金的總資產剩90萬元。如果基金仍是一樣發行1萬股，那麼淨值就變成90元。重點是，基金在每一個營業日只有一次報價。投資人在每個營業日下單買進或賣出基金，就只有一個成交價。

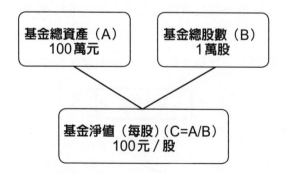

　　開放型共同基金中的「共同」兩字指的是，集合投資大眾的錢「共同」進行投資。而「開放」的意思則是投資人可隨時向基金公司進行申購和贖回的動作。若有投資

人要贖回，那麼基金公司就要使用現金部分或賣掉證券換取現金，以供投資人贖回，此時基金的發行股數與資產總值都將下降。若有投資人要申購，基金公司就要接受投資人的現金並發行新股（除非基金關閉不接受新資金）。此時基金的發行股數與資產總值都將上升（如下圖所示）。因此開放型基金的發行股數和資產總值是開放的，可增減的，不是封閉而固定的。

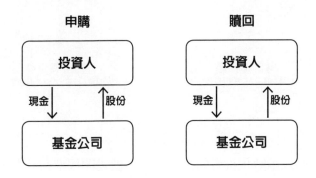

共同基金依其操作模式可分為**主動**與**被動**兩種。在管理主動型基金時，基金公司將試圖挑選證券以達到超越市場的成績。而管理被動型基金時，基金公司只負責讓基金的表現與指數一致。指數漲跌多少，基金就漲跌多少。這種不主動選股，只模擬市場指數表現的基金就是被動型基金，也就是指數型基金。

主動型基金要付出高額的內扣成本，因為投資人必

須以金錢支付經理人的選股能力（其實是幾乎不存在的東西）和分析師的報告（其實是不見得有用的東西）。而被動型基金只要付出便宜的經理費和指數授權使用費（如下圖所示）。

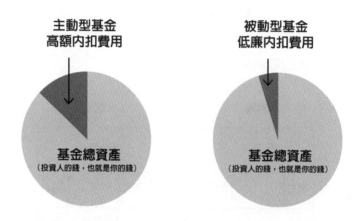

主動型基金
高額內扣費用

被動型基金
低廉內扣費用

基金總資產
（投資人的錢，也就是你的錢）

基金總資產
（投資人的錢，也就是你的錢）

所以指數化投資的工具之一，就是開放型共同基金中的被動型基金。

目前在台灣販售的基金不論是境內基金或是海外基金，多半都屬於主動型基金，被動型基金為數甚少。

第十章

指數化投資工具──ETF

　　ETF是Exchange-Traded Fund的縮寫。Exchange原意是交換，在金融界指的是交易所，像台灣證券交易所的英文名稱就是Taiwan Stock Exchange。所以Exchange-Traded Fund的字義就是**在證券交易所買賣的基金**。

　　ETF這個字的中文翻譯相當「多樣化」，譬如證交所的官方翻譯是「指數股票型證券投資信託基金」，簡稱「指數股票型基金」。香港則稱ETF爲「交易所買賣基金」。因爲中文名稱的多變，且其中的「基金」兩字常使投資人將ETF與開放式共同基金混淆不清。因此在本書中將統一以ETF指稱此種投資工具。

　　ETF和開放型共同基金有些相似之處（如下頁圖中所示）。首先是，ETF的資金一樣是由投資人提供，交由基金公司來操作。大多數ETF會選定一個追蹤指數（注1）。基金公司會取得指數編製公司的授權以使用該指數爲追蹤標的，然後基金公司便會將ETF首次公開發行時從投資人處募得的資金依適當比例投入指數的各成份股。ETF的資產和開放型基金一樣由保管人進行保管。ETF的資產也屬

於全體投資人所有，不屬於基金公司或保管人。

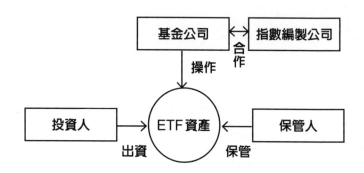

　　舉個實際例子來說。國內最知名的ETF「台灣50」，發行的基金公司是寶來投信，保管人是中國信託銀行。追蹤的指數是台灣證券交易所與FTSE合作編製的「臺灣證券交易所臺灣50指數」。

　　和開放式共同基金一樣，持有ETF股份即代表間接持有一部分ETF持有的證券與資產。譬如你持有1,000股台灣50，那麼你便是間接持有台灣50指數中50家上市公司的股份。

　　ETF計算淨值的原理也和開放式基金一樣，譬如某支ETF資產總值1,000萬元，發行有1萬股，那麼每股淨值就是1,000元（1,000萬元除以1萬股）。

　　但ETF和開放式基金很不一樣的是，ETF不是以每日的結算淨值為成交價，ETF是以市價成交。

當你想買進開放式共同基金，不論你是在營業日當天的早上十點還是十一點下單，你最後買進的價格都是以基金在該營業日結算得到的淨值為成交價。因此開放式共同基金在某天成交的買進和贖回都只有一個報價，就是那天的基金淨值。

但當你想買進ETF，只要市場上有其他ETF持有人願意賣給你，當下即會成交，而成交價格就稱為市價。所以現在買進台灣50和下一分鐘買進台灣50的投資人，他們買進的價格可能是不同的。

投資開放型基金，投資人買進賣出股份的交易對象是基金公司。而投資ETF，一般投資人買進賣出股份的交易對象，則是其他ETF投資人。（如下圖所示）

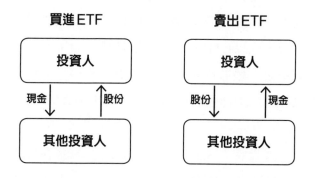

ETF這種交易方式會讓它的市價與淨值產生差異。譬如每股淨值10元的某ETF，現在市場上的成交價（也就

是市價）卻可能是10.2元。因此你必須花費比淨值高2%
的價錢才能買進。這種市價高於淨值的狀況，就稱為**溢
價**。又譬如每股淨值10元的某ETF，現在市價9.8元。這
種成交價低於淨值的狀況就稱為**折價**。（如下圖所示）

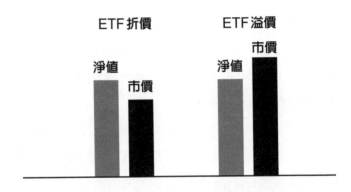

ETF內建有實物交易機制，讓合格投資人（通常是
法人或大戶）可以向基金公司以ETF指數的成份股交換
ETF股份，或以ETF股份交換指數成份股。這個實物交
易機制不是一般散戶可以參與的交易程序。這種交易方
式可以確保ETF淨值和市價之間不會出現太大的差距（注
2）。

對一般投資人來說，他們的ETF交易是在ETF股份
和現金間轉換。但對於合格投資人來說，他們的ETF交易
可以在現金、ETF股份與指數成份股這三者之間轉換（如
下圖所示）。

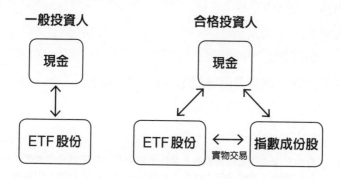

一般投資人　　　　　合格投資人

現金

ETF股份

現金

ETF股份　⟷　指數成份股

實物交易

　　一般投資人之間買賣ETF股份時，ETF股份就在投資人之間轉手，該ETF的發行股數不會增加也不會減少。但合格投資人以指數成份股股票換取ETF股份時，會讓ETF發行股數增加。合格投資人以ETF股份換取成份股股票時，會讓ETF發行股數減少。

　　ETF在證券市場交易。因此投資ETF最直接的管道便是透過證券商。譬如你要買賣台灣50這支ETF，那麼台灣任何一家登記有案合格營業的券商都可以替你服務。同樣的道理，假如你想買賣在美國證券交易所掛牌的ETF，最直接的方法就是找合格的美國券商開戶交易。除了券商之外，國內某些金融機構也提供代為買賣台灣或國外ETF的服務。

　　ETF交易與股票非常類似。你可以對股票做的事，也可以用在ETF上。譬如放空、下市價單或是限價單、停損

指令等，皆可執行。ETF這種交易特性與開放式基金完全不同。

　　但運作良好的開放型共同基金與ETF，都一樣能為指數化投資人達到準確追蹤市場表現的目的。

注1：有的ETF是不追蹤指數的。譬如美國的黃金ETF就是以實體黃金為
　　　投資標的。美國證券市場最近也開始發展不追蹤指數，由經理人主
　　　動選股的ETF，簡稱為主動型ETF（Active ETF）。
注2：因為市價和淨值間出現大幅差距時，會形成可供實物交易套利的機
　　　會。套利動作會拉近ETF的淨值與市價。但當ETF成份股有流動性
　　　不佳，難以買賣的情況時，合格投資人會難以發動實物交易程序，
　　　此時ETF的市價和淨值便可能出現為時甚久且幅度甚大的折溢價。

第十一章

指數型基金與ETF主要發行公司

以下將簡介一些國內外重要的指數型基金與ETF發行業者,提供各位讀者參考。

寶來投信

成立於1992年的寶來投信,是本土投信中對於指數化投資著墨最深的資產管理業者。

寶來在2003年6月推出台灣第一檔ETF「台灣卓越50」,到目前已是台灣知名度最高的ETF,交易量與資產總值在台灣本土ETF中皆名列第一。

寶來在2004年發行的「台灣加權股價指數基金」,則是台灣目前唯一一檔追蹤整體股市的開放型指數基金。

其後寶來又陸續推出台灣中型100、台灣高股息等ETF。目前旗下共有一支開放型指數基金與七支ETF。

● 寶來投信網頁:http://www.polarisfund.com.tw

● 寶 來 基 金 與ETF產 品 列 表：http://www.polarisfund. com.tw

富邦投信

富邦投信為本土ETF第二大業者。旗下除了有同時含括大型股和中型股的富邦台灣摩根ETF外，還有追蹤金融與科技類股的產業型ETF。

● 富邦投信網頁：

http://www.fubon.com/asset-management/home/index. htm

● 富邦基金與ETF產品列表：

http://www.fubon.com/asset-management/Fund/ 007Fund_03.htm

Vanguard資產管理

Vanguard這家美國基金業者成立於1974年。在2008年管理資產總值達1.11兆美元，已超越富達，成爲全美排名第一的業者。

Vanguard即是將指數化投資概念帶給一般投資人的創始業者。雖然傳統上該公司的主力是開放型基金，但它並未在ETF的發行中缺席。

在全球股市方面，Vanguard有完善的產品線。對於全球四大股市區塊包括美國、歐洲、亞洲成熟市場與新興市場，都有對應的開放型指數型基金與ETF。

在債市方面，Vanguard則偏重美國市場。目前該公司尚未有追蹤美國以外債券市場的指數化投資工具。

Vanguard的特點在於以幾乎是全球業界最便宜的價格，提供優質的指數化服務。該公司的年度基金報告書寫相當平易近人，是一家十分注重投資人權益與溝通的資產管理業者。

● Vanguard公司網頁：http://www.vanguard.com/
● Vanguard基金列表：

https://personal.vanguard.com/us/funds/vanguard/all?s
ort=type&sortorder=asc

● Vanguard ETF列表：

https://personal.vanguard.com/us/funds/etf/bytype

巴克萊資產管理（Barclays）

巴克萊是ETF的全球業界翹楚，其發行ETF的產品線名為iShares（注1），種類相當多樣化。對於各大地區股市、單一國家股市、單一產業、成長或價值型指數、美國債市、REIT、原物料皆有對應的ETF。該公司於2009年1月發行兩支新的ETF，開始涉足國際公債市場。

iShares跟隨的指數種類相當多樣化，包括摩根史坦利（MSCI）、標普（S&P）、晨星（Morningstar）、羅素（Russell）、富時（FTSE）等。iShares也有相當專一的投資區域或類別，像投資巴西的摩根史坦利巴西ETF（MSCI Brazil Index）、投資中國的新華中國25 ETF（FTSE/Xinhua China 25 Index）、投資天然資源的高盛天然資源ETF（Goldman Sachs Natural Resources）、甚至有投資白銀的ETF（Silver trust）等。iShares可以滿足想要對投資組合進行細微掌控的指數化投資人，也滿足了想要投資單一產業或國家的市場參與者。

● 巴克萊公司網頁：http://www.barclaysglobal.com/
● 巴克萊ETF列表：http://us.ishares.com/home.htm

道富環球投資管理
（State Street Global Advisors）

　　道富與巴克萊堪稱ETF界的兩位大哥，這兩家業者就掌握了大約80%在美國掛牌交易的ETF資產。

　　道富的ETF產品線相當齊全。在股市方面，不僅美國的股市有依照大、中、小型股還有成長與價值型的分類，連國際股市也有依市值分類的選項，譬如新興市場小型股ETF（Emerging Market Small Cap ETF，代號EWX）和日本小型股ETF（Small Cap Japan ETF，代號JSC），提供投資人精準控制投資組合的工具。

　　道富有投資美國以外債券市場的ETF。在美國以外的國際債券市場，巴克萊有一支新興市場債券ETF（Emerging Markets Bond Fund，代號EMB）和兩支國際政府公債ETF（代號IGOV、ISHG），道富則有國際公債ETF（International Treasury Bond ETF，代號BWX）與國際抗通膨債券ETF（International Government Inflation-Protected Bond ETF，代號WIP）。

　　追蹤標普500指數的ETF（代號SPY）是美國ETF

的鼻祖，即爲該公司在1993年1月29日所發行。除了
SPY之外，該公司追蹤道瓊工業指數的ETF（代號DIA）
與黃金ETF（代號GLD）也都是知名度很高且被廣泛持
有的投資工具。

● 道富公司網頁：http://www.ssga.com/index.html
● 道富ETF列表：https://www.spdrs.com/

注1：最近巴克萊將iShares業務出售給貝萊德資產管理，雖然還沒開股東
　　大會投票通過，尚未成定局，但很可能會成交（若成交的話，預計
　　會在2009年底前完成）。

第十二章

各大市場指數型基金與ETF概述

　　這個章節將簡單介紹各個重要的指數型基金與ETF（如下表所示），包括追蹤台灣股市相關指數的4支ETF和1支基金，以及追蹤國際股債市的ETF和基金。其中追蹤國內股市的ETF是寶來和富邦投信發行的產品。這在國內是金融監督管理委員會核準的合法產品。而在國際股市方面則皆為美國註冊基金或在美國掛牌交易的ETF，符合美國相關法規。但這些國際產品在台灣除了某些銀行的信託集合帳戶、保險公司的保單和透過券商複委託（注1）之外，並沒有直接購買的管道（投資管道將在Part3有更詳細的說明）。

◎本章節僅作者個人蒐集之資訊，正確資料仍須以各資產
　管理公司發布之訊息為準。文中所述亦僅為作者個人對
　各產品的描述與觀點，並無替任何基金或ETF招攬之
　意。讀者需自行衡量與判斷，並對任何可能的投資結果
　完全負責。

類別	基金 / ETF名稱	類型	ETF 股市代號
國內 市場	寶來台灣卓越50	ETF	0050
	寶來台灣中型100	ETF	0051
	寶來台灣高股息	ETF	0056
	富邦台灣摩根	ETF	0057
	台灣加權股價指數基金	開放型基金	N/A
國際 市場	Vanguard全美國股市指數	有開放型基金也有ETF	VTI
	Vanguard歐洲股市指數	有開放型基金也有ETF	VGK
	Vanguard亞洲成熟國家指數	有開放型基金也有ETF	VPL
	Vanguard新興市場指數	有開放型基金也有ETF	VWO
	巴克萊美國政府 短、中、長期債券	ETF	SHY、IEI、 IEF、TLH
	巴克萊美國政府 抗通膨債券	ETF	TIP
	道富國際政府債券	ETF	BWX
	道富國際政府 抗通膨債券	ETF	WIP

注1：複委託就是國內投資人委託國內券商，國內券商再委託海外券商，
　　　經過這樣雙重的委託關係後，國內投資人才得以買賣國外證券的一
　　　種投資管道。這在本書第十八章〈台灣指數化投資環境〉中會有比
　　　較詳細的解說。

寶來台灣卓越50ETF概述（代號0050）

　　寶來台灣卓越50是支ETF，成立於2003年6月25日，追蹤的是「臺灣證券交易所臺灣50指數」。該指數由台灣證券交易所與富時公司合作編製。爲台灣證券市場上50家市值最大的公司所組成。成份股與個別比例可參考台灣證券交易所網頁：http://www.tse.com.tw/ch/trading/indices/twco/tai50i.php

　　該ETF基本資料如下表：

	基本資料	指數追蹤方式	ETF內扣費用
寶來台灣卓越50	資產管理公司：寶來投信 經理人：張圭慧 保管人：中國信託銀行 規模：392.86億台幣 （2008/12/31）	複製	經理費：0.32% 保管費：0.035% ＊其它……

　　在整體費用方面有一點值得注意的是，ETF內扣的費用不是只有經理費和保管費而已，還有許多其它的項目。譬如取材自公開說明書的下表即列出ETF在整個96年度的內扣開銷：

【費用】		
經理費（附註四及十）	115,267,733	0.4
保管費（附註四）	12,607,411	0.1
指數授權費（附註五）	4,536,353	-
借券手續費（附註二及十）	1,269,716	-
借貸服務費（附註二及十）	921,194	-
其　他	1,926,386	-
費用合計	136,528,793	0.5

　　我們從上表中可以看到經理費和保管費是最大的開銷，但仍有其它支出。整體支出占了總資產的0.5%。假如投資人以為ETF內扣費用只有經理費加保管費的0.355%，那便會低估ETF的成本。而成本對於指數化投資是相當重要的考量（其實不管是任何投資方式，成本都應是重要考量之一）。

　　寶來台灣50近年績效如下：

項目	2008年	2007年	2006年	2005年	2004年
台灣50ETF	- 43.2%	11.14%	20.61%	10.53%	5.29%
台灣50報酬指數	- 42.94%	11.48%	20.93%	10.72%	5.6%
ETF報酬減指數	- 0.26%	- 0.34%	- 0.32%	- 0.19%	- 0.31%

　　指數型基金和ETF的績效評估重點在於它們是否能準確的貼近指數，給予投資人接近市場的報酬。

　　在決定與指數型基金和ETF比較的指數時，要選擇

合宜的指數。

　　台灣50 ETF追蹤台灣50指數，所以使用台灣50指數來進行比較是合理的吧？答案卻是否定，為什麼呢？

　　因為台灣50ETF的報酬中有計入配息。但台灣50指數（TW50 Index Value）是不計入配息收益的指數。因此真正適合與台灣50ETF進行比較的，是加計配息的台灣50報酬指數（TW50 Total Return）。

　　在表中，我們可以看到台灣50 ETF的表現還不錯。特別是2005年ETF有0.43%的內扣費用，ETF報酬卻能只輸給指數0.19%，這表示追蹤技巧執行得很好。

　　接下來我們比較一下近年來台灣50 ETF與一般股票型基金的平均表現，請參考下表：

項目	2008年	2007年	2006年	2005年	2004年
台股一般股票型基金平均	- 45.31%	11.1%	17.72%	34.69%	0.49%
台灣50 ETF績效	- 43.2%	11.14%	20.61%	10.53%	5.29%
台灣50減一般基金平均	2.11%	0.04%	2.89%	- 24.16%	4.8%

　　我們可以看到在2004、2006、2007、2008這四年中，台灣50都如預期般贏過一般基金平均。但2005年卻有問題，而且是個很大的問題。在這一年，台股基金平均

績效是34.69%，台灣50卻只有10.53%，遠遠落後百分之二十幾，這是怎麼回事？

　　這個現象其實可以讓我們更加瞭解指數化投資工具的特性。2005年指數化投資工具之所以落後一般台股基金平均是因為鄧式法則（Dunn's law）運作的結果。

　　觀察美國最早推出的Vanguard標普500指數型基金的歷年績效會發現，和同類的美國大型股主動型基金相比，指數型基金無法每年維持中位以上的排名。

　　為什麼？因為主動型基金「不純」。所謂大型股基金裡，常會混雜一些中小型股。假如在某年的市場表現裡，中小型股明顯勝過大型股，那麼持有一些中小型股的大型股基金的平均表現將會勝過非常純粹持有大型股的指數化投資工具。

　　同樣的道理，假如在某年的市場表現裡，大型股遠遠勝過中小型股，那麼混有中小型類股的大型股基金表現將會被拖累。完全追蹤大型股的指數化投資工具此時將遠遠勝過多數的大型股基金。

　　在大型股表現勝過中小型股時，追蹤大型股的指數化投資工具將勝過一半以上的大型股主動型基金。在大型股表現遜於中小型股時，追蹤大型股的指數化投資工具將輸給大型股主動型基金的平均表現。這就是**鄧式法則**的表現。這個現象最早是由史帝芬・鄧（Steven Dunn）發現

並解釋，因此以他的姓氏命名。

　　這些拿來與指數化投資工具比較的主動型基金只是整體市場參與者的部分取樣。假如這些主動型基金的投資組合與市場整體相比，較為偏重某類型的股票，那麼另一端，必然有些市場參與者的投資組合與市場整體相比，較少持有某類股票。

　　當主動型基金藉由多持有某類剛好引領市場風潮的股票來為主動型基金帶來較高報酬時，另一端必然有市場參與者因為較少持有這些熱門股票而取得低於市場的報酬。

　　指數型基金必然贏過一半的市場參與者，這是可以確定的事。但這些我們取樣觀察的主動參與者可能會有與市場不同的投資組合。因此當市場剛好吹起有利於這種組合的順風時，我們就會看到這些主動參與者的領先。但指數化投資人不必為此擔心，因為指數化投資的架構使得結果贏過一半的市場參與者是數學上的必然。僅管這一半有時候不是那麼明顯。

　　2005年正是這麼一個年度。在這一年，加權股價報酬指數的報酬是10.94%。而同年中小型類股和電子股表現非常強勁，中小型股基金平均報酬是52.49%，科技類基金獲利46.63%，都遠遠勝過大盤平均。而有點偏重中小型股和科技類股正是一般台股基金的共同特色。所以在這一年，我們便看到鄧式法則的加強運作。一般基金在中小

型類股和科技類股的雙重順風吹拂下，跑出了超越大型股指數化投資工具，也就是台灣50的成績。但整體台股參與者在這個全年報酬10.94％的市場，難道拿的都是+30％、+40％和+50％的報酬嗎？其實你心裡很清楚的知道，台灣50 ETF在這一年得到10.53％的報酬又再次讓你打敗一半的台股參與者。只是這一半大多不是台股基金而已。

　　瞭解鄧式法則將讓你更能安心面對，當指數化投資工具與主動型基金相比，有時不是那麼剛好勝過一半以上的成績。

　　台灣50 ETF最近四年的每股配息狀況如下表：

年度	每股配息（元）
2005年	1.85
2006年	4
2007年	2.5
2008年	2

　　總結來說，寶來台灣50可以相當稱職的追蹤指數報酬。以一個第一次發行ETF的公司來說，能做到這樣的成績已經值得喝采。台灣50 ETF所追蹤的50支股票即占整體台股總市值的70％，能有效反應整體大盤表現，而且交易量大、流動性佳，可以做為台股指數化投資的優先考量工具。

寶來台灣中型100ETF概述（代號0051）

　　寶來台灣中型100 ETF，成立於2006年8月24日，追蹤的是「臺灣證券交易所臺灣中型100指數」（簡稱台灣中型100指數）。該指數由台灣證券交易所與富時公司合作編製。

　　台灣50指數追蹤的是台股市值最大的50家公司，台灣中型100指數則是追蹤市值第51到150名這100家公司。台灣50的50家公司約占台股市值70%，而台灣中型100這100家公司則約占20%的台股市值。

　　該ETF基本資料如下表：

	基本資料	指數追蹤方式	ETF內扣費用
寶來台灣中型100	資產管理公司：寶來投信 經理人：張圭慧 保管人：台新銀行 規模：8.44億台幣 （2008/12/31）	複製	經理費：0.3%~0.4% 保管費：0.035% ＊其它……

　　為什麼經理費是0.3%到0.4%而不是一個固定的數字呢？因為在ETF公開說明書中明訂的收費方式，ETF總資產愈大，經理費愈低。資產100億台幣以下時收0.4%。

資產超過100億，未達300億時收0.34%。資產300億台幣以上就收0.3%。

這個作法值得嘉許。因為基金資產再大，還是只需要一個經理人、一家保管銀行、一家會計師事務所、一個法律顧問。而基金資產增大會有更佳的經濟效益，因此它所帶來的成本節約應回饋給投資人，而不是維持收費比例，中飽資產管理公司私囊。

這支ETF成立至今的各年度表現資料如下表：

項目	2008年	2007年	2006年
寶來台灣中型100	- 53.13%	5.22%	23.35%
台灣100報酬指數	- 53.22%	5.6%	23.66%
ETF報酬減指數	0.09%	- 0.38%	- 0.31%

＊ 資料統計期間為2006年8月31日至2008年12月29日

這支ETF表現不錯。因為自從成立以來，其資產沒有超過100億台幣過，所以都是收0.4%的經理費。而在2006、2007兩年，ETF輸指數輸得比經理費還少，這是很傑出的表現。在2008年，ETF甚至出現了超越指數的表現，可能的原因在於ETF有部分的資產在現金部位。現金部位在指數下跌時會讓ETF因資產未整體參與下跌，比起指數會略有優勢，而2008年正是一個股市下跌的年度，所以會有這樣的結果。但現金部位在指數上漲時將帶來相反的效果，會讓ETF資產未充分參與上漲，拖累

ETF的表現。

　　若想要對台股進行指數化投資，買進台灣50是最簡單直接的作法。台灣50因為追蹤市值前50大的公司，能有效反應台股整體表現。但台灣50的投資標的只有大型股。因此投資人如果怕錯過中型股表現明顯優於大型股的時節，可以考慮在買進台灣50之外，另外搭配台灣中型100。但建議兩者用市值比重，也就是約7比2的比例持有。譬如每持有7萬元價值的台灣50，就同時持有2萬元價值的台灣中型100。因為如果用1：1的比例持有台灣50和台灣中型100，那麼這個投資組合其實是偏重於中型股的持有。在大型股表現優於中型股時，這樣的投資組合將落後於大盤。或者投資人可以選擇買進富邦台灣摩根ETF，便可同時含括台股的大型與中型股。

寶來台灣高股息ETF概述（代號0056）

　　寶來台灣高股息ETF，成立於2007年12月13日，追蹤的是「臺灣高股息指數」。該指數由台灣證券交易所與富時公司共同編製。

　　臺灣高股息指數成份股是30家公司。這30家公司，是從台灣50指數和台灣100指數，共150家公司中選出，以預測未來一年**現金股利率**的前30名為成份股。各成份股權比重是以現金股利率決定。也就是說，現金股利率愈高的公司，其比重會愈大。這不是傳統的指數型基金加權模式，而是種強化型指數型基金（Enhanced Index Fund）。

　　該ETF基本資料如下表：

	基本資料	指數追蹤方式	ETF內扣費用
寶來台灣高股息	資產管理公司：寶來投信 經理人：張美媛 保管人：國泰世華銀行 規模：13.8億台幣 （2008/12/31）	複製	經理費：0.3%~0.4% 保管費：0.035% ＊其它……

這支ETF成立至今只經歷了2008年一個完整年度，績效如下表：

項目	2008年
寶來台灣高股息	- 48.08%
臺灣高股息報酬指數	- 48.81%
ETF報酬減指數	0.73%

＊ 在這一年，ETF的表現甚至贏過對應指數。

　　持有寶來台灣高股息ETF的理由有兩點，一是投資人需要配息做為收入來源。二是相信高股息類股有機會帶來高過整體大盤的表現。

　　值得瞭解的重點是，寶來台灣高股息ETF的30支成份股是從台灣50和台灣中型100這150支股票中挑選出來的。所以只要持有台灣50和台灣中型100，一定也會持有寶來台灣高股息ETF中的30支成份股。

　　所以假如投資人在持有台灣50和台灣中型100之外，另外再購入寶來台灣高股息ETF的話，那麼這個投資組合將偏重於高股息類股。可以這麼做的主要理由在於研究顯示，高股息類股具有價值溢酬（Value premium），長期下來，將**有機會**帶來超越大盤的表現（請注意！是有機會，而不是一定，也有可能長期下來遜於大盤）。假如投資人想要捕捉這個機會，便可以買進一些台灣高股息ETF，將投資組合稍微偏重於高股息的方向。

　　但不建議100%全部持有台灣高股息ETF做爲台股指數化投資組合。如果100%持有高股息ETF，那就已經不是偏重，而是全部押寶在高股息類股。

　　至於需要股息做爲收入來源這個目的，要注意的是，該ETF雖名爲高股息，但並不保證每年配息。像是2008年即未配息。所以投資人若是想以該ETF做爲收入來源，就必須考慮到這個可能。

寶來台灣加權股價指數基金（Polaris Taiwan Weighted Stock Index Fund）概述

　　這支開放型共同基金成立於2004年9月17日，追蹤的是「台灣證券交易所發行量加權股價指數」。加權股價指數的採樣樣本爲所有掛牌交易的普通股，是一個全市場指數。所以這支基金是台灣的全市場指數型基金（Total Stock Market Index Fund）。

　　該基金基本資料如下表：

	基本資料	指數追蹤方式	基金內扣費用
寶來台灣加權股價指數基金	資產管理公司：寶來投信 經理人：張力文 保管人：第一銀行 規模：28.09億台幣 （2008/12/31）	採樣	經理費：0.6%~0.7% 保管費：0.1% ＊其它……

　　該基金的經理費在基金資產大於80億時爲0.6%，80億以下則是0.7%。基金不進行收益分配。

　　2008年底，該基金的前五大持股是台積電、中華電、台塑化、鴻海、國泰金。前五大持股共占基金資產的25.08%。

基金成立至今的各年度表現資料如下表：

項目	2008年	2007年	2006年	2005年
基金	- 46.36%	8.09%	18.5%	9.75%
加權股價報酬指數	- 43.07%	12.5%	24.44%	10.94%
基金報酬減指數	- 3.29%	- 4.41%	- 5.94%	- 1.19%

這裡值得注意的是指標指數的選擇。該基金雖以加權股價指數為追蹤目標，但基金持有的股票配息時，基金都自行收納運用，不再配發給投資人，也就是說，在基金的表現中已含有配息的成份。所以合適的比較指數應該是納入配息計算的發行量加權股價**報酬指數**，而非發行量加權股價指數。

我們可以看到，這支基金在每個單一年度中與指數都有顯著的差距。從2005年的略高於1%，到2006年接近6%的差距。該指數型基金在過去都未能有效追蹤指數的表現。

無法有效追蹤指數的原因可能在於基金資產的劇烈變化。2005、2006、2007三年，各年度的基金資產最高與最低變化如下表（取材自基金公開說明書）：

我們可以看到其中的變化相當大。在96年度，基金資產最高大約是11億台幣，最低則是3.7億台幣。最低資產約為最高資產的33.5%。94、95年度的變動也很大。基金資產最高值都在最低值的二到三倍之間。這麼大量的變化不是指數在一年之內漲了二到三倍，而是投資人大量

年度	項目	淨資產總額 （新台幣百萬元）
2005年度	最高	2,334
	最低	702
	年底	804
2006年度	最高	795
	最低	290
	年底	425
2007年度	最高	1,104
	最低	370
	年底	1,104

的買進和贖回所致。這樣大幅的資產變動會讓基金很難做好追蹤指數的工作。

　　指數只是一個數學計算出的數字，但指數型基金卻是現實世界中的投資工具。它要應付投資人的買進贖回、成份股的變動、股票發出的配息等，而這些都要成本。以寶來台灣加權股價指數基金的經驗來看，投資人買進賣出的金額過於龐大將會傷害基金的表現。

　　所以雖然寶來台灣加權股價指數基金是追蹤全市場表現的指數化投資工具，能讓投資人一次囊括台灣的大中小型股，但其成本較台灣50高，追蹤表現也不如台灣50。因此如果要對台股進行指數化投資，在目前看來，單獨持有台灣50或富邦台灣摩根ETF，或者同時持有台灣50與台灣中型100ETF將會是比較好的選擇。

富邦台灣摩根ETF概述（代號0057）

富邦台灣摩根ETF，成立於2008年2月14日，追蹤的是「摩根史坦利台灣指數」（MSCI Taiwan Index）。該指數為一市值加權指數。大型股占約80%，中型股20%。成份股涵蓋台股80%到90%的市值。所以買進富邦台灣摩根ETF便可同時含括台股大型與中型股。

該ETF基本資料如下表：

	基本資料	指數追蹤方式	ETF內扣費用
富邦台灣摩根	資產管理公司：富邦投信 經理人：張菁惠 保管人：台新銀行 規模：5.2億台幣 （2009/03/31）	複製	經理費：0.3% 保管費：0.035% ＊其它……

值得注意的是，該ETF的經理費在2008年12月調降為0.3%後，已經比寶來台灣50的經理費用更低。雖然富邦台灣摩根ETF成立不久，但更低的費用能否帶來更好的追蹤指數表現，值得投資人注意與比較。

Vanguard大範圍國際股市指數型基金簡介

　　本節將簡單介紹由 Vanguard 發行，分別追蹤美國股市、歐洲股市、亞洲成熟國家股市和新興市場股市的四支基金。各基金的基本資料整理如下表：

名稱	代號	總開銷比	追蹤指數	資產總值
Vanguard全美國股市指數基金	VTSMX	0.18%	摩根史坦利廣泛美國市場指數（MSCI US Broad Market Index）	850億
Vanguard全美國股市ETF	VTI	0.09%		
Vanguard歐洲股市指數基金	VEURX	0.29%	摩根史坦利歐洲指數（MSCI Europe Index）	123億
Vanguard歐洲股市ETF	VGK	0.18%		
Vanguard亞洲成熟國家指數基金	VPACX	0.29%	摩根史坦利太平洋指數（MSCI Pacific Index）	66億
Vanguard亞洲成熟國家ETF	VPL	0.18%		
Vanguard新興市場股票指數基金	VEIEX	0.39%	摩根史坦利新興市場指數（MSCI Emerging Markets Index）	144億
Vanguard新興市場指數ETF	VWO	0.27%		

＊資產總值的單位為美元，統計時間截至2009年4月止

　　值得注意的是，這四支基金都同時備有開放式共同基金與ETF的型式供投資人選擇。一般來說，ETF型態的總開銷比，也就是內扣費用較低（關於總開銷比，請見下段說明）。

　　另一個要點是，這些基金全都是以美元計價。歐洲、亞洲、新興市場這些投入美國以外市場的基金皆未採貨幣避險。所以基金雖以美元計價，但實際上卻是由各國貨幣資產綜合組成（關於基金的計價幣別，下面也將有詳細說明）。

　　這幾支基金可以讓投資人對全球各大市場區塊進行指數化投資，並可自行調節各地區比重。

（1）你知道嗎？美國註冊基金的總開銷比例

　　在前面關於台灣50ETF的概述中，讀者可以看到一個圖表。ETF內扣的費用除了經理費之外，還有其它的開銷，包括指數授權費、保管費、還有在「其它」這個名目下的雜項開銷。在台灣販售的海外基金也一樣，除了經理費之外，還有會計師簽證費用、律師顧問費、保管費、證券交易費用支出等等。在這些零零總總的內扣費用之中，**經理費只是其中之一**。也就說，投資人常看到的股票型海外基金經理費1.5%，債券型海外基金經理費0.75%，都只是經理費部分的支出，不包括其它雜項支出。這些支出

全部加起來才是基金眞正的內扣費用。一支基金的內扣費用之高，可能遠高過你的想像。但在台灣販售的海外基金大多沒有列出加計其它費用之後的全部內扣費用，因爲基金註冊地與台灣政府都沒有要求。

　　美國註冊基金依美國法令必須計算出每年各項支出占基金（或ETF）總資產的比重，這個數字就叫做總開銷比例（Expense ratio）。譬如總開銷比1%，就表示基金資產每年有1%被用於維持基金的運作。這項費用中包括經理費、保管費、會計師費用、律師費、寄發年度報告等零零總總的支出（但不包括證券交易費用）。這個數字的目的在於讓投資人確切瞭解，金融業者每年從基金資產中收走投資人多少錢。

　　在本書的介紹中讀者可以發現，美國註冊的指數型基金和ETF，其總開銷比例往往不到台灣販售的海外基金經理費的六分之一。也就是說，美國這些便宜的指數型基金**全部的**內扣費用，比起台灣的海外基金**部分**的內扣費用還要便宜許多。更遑論這些海外基金**全部**的內扣費用會比美國指數型基金貴多少了。

　　譬如Vanguard歐洲股市指數基金總開銷比例是千分之2.9。也就是說，每1萬美元的投資，每年會被收取29元美元的內扣費用。而在台灣販售的海外基金則常常光是經理費就收取1.5%的費用（還不包括保管費、會計師簽

證費、法律顧問費等等）。

　　假如運用在台灣販售的海外基金來投資歐洲股市，那麼每1萬元美元的投資，每年就會被收取150元美元的內扣經理費用。150元美元比29元美元多了121元美元，若以匯率32.5來計算，相當於3,932元台幣。但如果你有1萬元美元的投資，只要將它從海外基金轉到美國註冊的指數型基金或ETF，每年就可以省下比消費券還要多的錢。150元是29元的5倍。也就是說，一樣是投資歐洲股市，海外基金不但沒有保證投資人可以打敗指數，而且還可以跟投資人收取高於指數型基金5倍的費用。

　　內扣費用常讓投資人覺得不痛不癢，但內扣不表示沒有。這項費用一樣是從你的口袋拿出來，只是收取的方式是直接從你的基金資產中扣。投資主動型基金並不保證可以打敗指數，但卻保證收取比指數型基金還要多很多的費用。投資人既然無法確定投資成果，那麼為什麼不留下這些保證可以省下來的錢呢？

　　總開銷比例是非常值得注意的數字。投資人很難掌握市場漲跌，但投資工具的成本卻是可以完全掌握在自己手上的。

（2）你知道嗎？基金的計價幣別

　　某人持有總值1萬美元的A基金和1萬歐元的B基

金。所以他共有美元和歐元各1萬元的資產。這樣的陳述對嗎？

可能對，也可能不對。

這裡有兩個方面需要注意，一、基金的投資區域。二、基金的貨幣避險策略。

就剛才的例子來說，最簡單的狀況是A基金投資於美國，不論是債券、股票還是房地產，反正它就是買美元計價的標的。那麼沒錯，這支美元計價的基金其實就是美元資產。

那假如歐元計價的B基金是一支日本基金，投資的是日本股市。那麼問題來了，這1萬歐元是歐元資產還是日元資產呢？這就要看剛才提到的第二點，基金的貨幣避險策略。

一般來說，基金經理人採用的匯率避險策略可以概分成三種。一、永遠避險。二、永遠不避險。三、有時候避，有時候不避。

先看永遠避險策略，這時候B基金投資的日元計價標的，其損益在換回歐元時不會受到歐元和日元間匯率波動的影響。日本的投資標的漲或跌多少，歐元部分就會如實反應出來（不過這當然要付出避險成本）。在這種狀況下，這1萬歐元的B基金是歐元資產，但其表現卻要看日本的投資標的。

再來是永遠不避險策略，那麼B基金投資的日元計價標的損益，在換回歐元時，如果日幣對歐元升值，便會提升獲利減少損失。但如果日幣對歐元貶值，便會減低獲利增加損失。在這種情況下，這1萬歐元其實骨子裡是日元資產。這時基金的報酬率表現除了看投資標的外，還要看日幣的匯率。日幣升值會提升基金獲利，日幣貶值則會減少獲利。

最複雜的狀況是有時候避險，有時候不避。那這一萬歐元裡有些是歐元資產，有些卻不是。比方說基金經理人買TOYOTA的股票時有進行匯率避險，那這一部分就算是歐元資產。經理人買SONY的股票時不採匯率避險，那這就要算是日元資產。

但要特別說明的是，這裡談的匯率避險是基金的計價幣別與其投資區域的關係。台灣的投資人還要再多思考一點，那就是買賣基金時，台幣和計價幣別的匯率關係。這時候如果可以開一個外幣帳戶，以原幣投資基金，就可以對買賣時機的台幣匯率多一些掌握了。

我們再看一個例子。假如有位美國人很傷腦筋，因為手邊都是美元，但沒有人看好美元，這實在太另人擔心了，於是他想要分散持有資產的幣別。他決定把部分資產變成歐元資產。所以他應該要購買一些歐元計價的基金嗎？不一定，他還是可以購買美元計價的基金，只要該基

金投資於歐元貨幣國家，並且都不進行貨幣避險。那麼當歐元升值美元貶值時，將提升這支基金的價值，所以投資在這支基金的美元其實就是歐元資產。

　　假如這位憂心的投資人去買一支歐元計價的拉丁美洲基金，而該基金也都不進行匯率避險。那麼，因為一般拉丁美洲基金有80%到90%的資產投資於墨西哥和巴西，所以這位投資人持有的其實是相當的巴西幣和墨西哥披索資產。

　　基金的計價幣別只是一種衡量單位。一般會選用國際強勢貨幣，譬如美元、歐元、英鎊和日元等做為計價單位。但投資人必須明瞭，計價單位只是一個表象。要瞭解該基金真正的資產類別屬性，一定要知道它的投資區域和貨幣避險策略。

政府債券ETF概述

美國公債在全球債券市場具有舉足輕重的地位，而各ETF業者也常以美國公債做為追蹤標的。巴克萊在美國公債ETF的發行上，以到期年限做細微的切割，分別發行到期年限為1-3年、3-7年、7-10年、10-20年四支ETF，代號分別是SHY、IEI、IEF與TLH，基本資料整理如下表：

名稱	代號	追蹤指數	資產總值	成立日期
巴克萊1-3年美國公債ETF	SHY	巴克萊1-3年美國公債指數（Barclays Capital 1-3 Year U.S. Treasury Index）	73億	2002/7/22
巴克萊3-7年美國公債ETF	IEI	巴克萊3-7年美國公債指數（Barclays Capital 3-7 Year U.S. Treasury Index）	9.3億	2007/1/5
巴克萊7-10年美國公債ETF	IEF	巴克萊7-10年美國公債指數（Barclays Capital 7-10 Year U.S. Treasury Index）	28億	2002/7/22

巴克萊 10-20年 美國公債 ETF	TLH	巴克萊10-20年美國公債指數（Barclays Capital 10-20 Year U.S. Treasury Index）	1.6億	2007/1/5

＊ 資產總值的單位為美元，統計時間截至2009年4月止
＊ 這四支ETF的年度總開銷比例都是0.15%。ETF資產有98%以上投入對應的美國公債。追蹤指數的方法為採樣。配息頻率皆為每月配息。

　　巴克萊也有發行追蹤美國抗通膨公債指數的ETF，名為美國政府抗通膨債券ETF，其基本資料如下：

名稱	代號	追蹤指數	資產總值	成立日期
巴克萊 美國政府 抗通膨債 券ETF	TIP	巴克萊美國政府抗通膨債券指數（Barclays Capital U.S. Treasury TIPS Index）	88億	2003/12/4

＊ 資產總值的單位為美元，統計時間截至2009年4月止
＊ 這支ETF的年度總開銷比例是0.2%。ETF資產有98%以上投入對應的美國抗通膨公債。追蹤指數的方法為採樣。配息頻率為每月配息。

　　傳統債券的配息金額與歸還本金都是固定的。抗通膨債券不同的地方就在於它的配息與最後歸還的本金會與物價指數掛勾。當物價指數上漲3%時，配息就會跟著上漲。這種與通膨連動的特性讓抗通膨公債與傳統公債有顯著的不同，因此常被視為一種獨立的固定收益資產類別。

　　道富環球投資管理公司則有美國以外國際公債市場的相關ETF。譬如代號BWX的道富國際政府債券ETF。該ETF追蹤的是巴克萊美國以外全球公債指數（Barclays

Capital Global Treasury ex-US Capped Index）。該指數
的組成證券是美國以外的投資級政府公債。總開銷比例爲
0.5%。成立於2007年10月2日。資產總值在2009年1月
爲9億1千6百萬美元。

　　而代號WIP的道富國際政府抗通膨債券ETF，則
是追蹤德銀美國以外全球抗通膨公債指數（DB Global
Government ex-US Inflation-Linked Bond Capped
Index）。指數的組成證券是美國以外的已開發與開發中國
家抗通膨公債。總開銷比例爲0.5%。成立於2008年3月
13日。資產總值在2009年1月爲2億美元。

　　道富國際政府債券ETF與道富國際政府抗通膨債券
ETF皆未採貨幣避險。因此雖以美元計價，但應視爲各成
份國家資產的綜合組成。

　　這些公債ETF讓投資人得以用低廉的成本，方便且
有效率的參與國際債券市場。

截至2008年12月，美國市場已經有758支ETF，第十二章所介紹的ETF僅是其中的一小部分。

投資朋友如果想要找尋適合自己投資的ETF，可以到各大ETF發行公司，像是Vanguard資產管理、巴克萊資產管理等公司的網頁，在其ETF產品列表中找尋是否有符合自己目標的投資工具。

另外，想要查尋在美國掛牌交易的ETF還有一個相當好用的網路資源，就是ETF Connect（http://www.etfconnect.com）。這是由美國一家專長是封閉型基金的資產管理業者Nuveen Investments所提供的免費網路服務，以下將簡單介紹投資人要如何進行查詢。

連到主頁面之後，會看到如右下圖所示的畫面。請在右上角輸入你所要查詢的ETF英文代碼（如圖中圈選處），然後按下Enter。譬如我們想查詢Vanguard歐洲股市指數ETF（Vanguard European ETF），代號是VGK，那就在這個位置輸入VGK即可。

之後會在新頁面中看到該ETF的基本資料總整理。

在最近資料（Fund Quick Facts）這欄，我們可以看到該ETF在前一個營業日的收盤淨值（Closing NAV）、收盤市價（Closing Share Price）、目前配息率（Current Distribution Rate，以年爲單位）、折溢價比率（Premium/Discount）這些資料。如下圖所示：

　　在基本資料（Fund Basics）這欄（請見上圖所示）則可以看到該ETF的分類（Category），譬如Vanguard歐洲股市指數ETF的分類就是非美國股市（Non-US Equity）。另外還有資產管理公司（Fund Sponsor）、經理人（Portfolio Manager）、成立日期（Inception Date）、成立時淨值（Inception NAV）、成立時市價（Inception Share Price）、美股代號（ARCA-symbol）或那斯達克代碼（NASDAQ Symbol）及CUSIP代碼等資料，都可以在這欄看到。

　　在投資目標（Investment Objective）這欄則可以看到該ETF追蹤的指數（請見上圖圈選處）。譬如Vanguard歐洲股市指數ETF追蹤的就是摩根史坦利歐洲指數（MSCI Europe Index）。

　　Share Price and NAV History則圖示ETF最近的淨值與市價走勢。圖中實線表ETF的市價，虛線表ETF的淨值。這個圖不僅可以讓投資人看到最近的ETF走勢，也可以看到ETF市價與淨值間折溢價變化的情形。

　　如下圖所示，接下來的折溢價歷史（Premium/Discount History）以圖示來表現出ETF最近折溢價的狀況，以百分比為單位。正值表溢價，負值表折價。讓投資人可以明確看到該ETF的折溢價幅度。

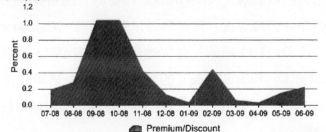

Premium/Discount History 折溢價歷史 top ❶

Data reflects performance over the previous 12 months | since inception
As of 5/31/2009

Show chart data

Distribution History 配息歷史 top ❶

Payable Date	Ex Date	Distribution Amount	Long Gain	Short Gain
12/31/2008	12/24/2008	2.9010	0	0
12/31/2007	12/24/2007	2.3560	0	0
12/29/2006	12/22/2006	1.8090	0	0
1/9/2006	12/27/2005	1.3800	0	0
可支付日	除息日	配息金額	長期資本利得	短期資本利得

This data shows both historical and future distributions as reported by fund sponsors to our data provider, Thomson Financial.
Distribution History Since Inception

Performance History 過去績效表現 top ❶

Calendar Year Total Returns 單年報酬 As Of 5/31/2009 since inception NAV 以淨值計算					Annualized Total Returns 年化報酬 As Of 5/31/2009 NAV 以淨值計算				
2000	2001	2002	2003	2004	1 Year	3 Year	5 Year	10 Year	since inception
--	--	--	--	--	-38.69%	-7.40%	--	--	-1.23%
2005	2006	2007	2008	2009(YTD)					
--	33.54%	13.89%	-44.85%	7.44%					
Share Price 以市價計算					Share Price 以市價計算				
2000	2001	2002	2003	2004	1 Year	3 Year	5 Year	10 Year	since inception
--	--	--	--	--	-38.48%	-7.44%	--	--	-1.32%
2005	2006	2007	2008	2009					
--	33.04%	13.23%	-44.83%	7.45%					
Source: Thomson, as of 5/31/2009									

　　配息歷史（Distribution History）列出了ETF近幾次的配息日期與金額。Payable Date表可支付日期、Ex Date表除息日、Distribution Amount是配息金額、Long Gain代表配息中長期資本利得的金額、Short Gain則表短

期資本利得。

　　過去績效表現（Performance History）則是整理了
ETF近年的表現狀況。在左欄是以單一年度（Calendar
Year）計算的ETF績效，有依淨值計算（NAV），也有
依市價計算（Share Price）的績效。右欄則是年化後
（Annualized）的績效表現，也一樣分成淨值與市價兩種
方式計算。

　　在產業與持股匯整（Sector and Holdings Summary）
這欄（如右頁圖中所示），則有ETF的前十大持股名稱
與比重、接下來有以圓餅圖呈現的產業分類（Industry
Diversification）、國家分類（Country Diversification），
分別表示該ETF在各產業和各國家各擁有多少比重的
投資。在ETF Facts這欄則列出該ETF是否能融資買進
（Marginable）、是否有選擇權交易（Option Tradable）、
是否可以放空（Short Selling）、最低買賣股數（Min.
Secondary Share Purchase，通常是1股），還有它的總開
銷比例（Expense ratio）。

　　ETF Connect這個網站可以有效提供在美國交易的
ETF資料匯整，讓投資人迅速掌握該ETF的基本屬性。
而且不同資產管理公司發行的ETF在ETF Connect都以
相同的格式呈現，讓投資人可以更方便的比較不同公司發
行的類似ETF。譬如你要比較兩支不同公司發行，但一樣

Sector and Holdings Summary

top ⊙

As of 3/31/2009

Holding		Dollar Value	% of Total Portfolio
Nestle SA		N/A	2.94
BP PLC		N/A	2.69
Total SA		N/A	2.39
Roche Holdings AG		N/A	2.19
Novartis AG	前十大持股	N/A	2.04
Vodafone Group PLC		N/A	1.95
Telefonica SA		N/A	1.88
GlaxoSmithKline PLC		N/A	1.84
HSBC Holdings PLC		N/A	1.52
Sanofi-Aventis		N/A	1.34

Industry Diversification
As of 3/31/2009

產業分類

Top Industries

- 18.70% - Financials
- 12.79% - Energy
- 12.65% - Consumer Staples
- 11.84% - Healthcare
- 9.38% - Industrials
- 8.29% - Telecommunications Servic
- 26.35% - Other

Creation/Redemption Features
As of 5/31/2009

Creation Unit	100000
Creation Unit Fee	9600
Maximum Creation Fee	9600
Redemption Unit	100000
Redemption Fee	9600
Max. Red. Fee	9600

As of 3/31/2009

國家分類

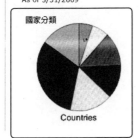

Countries

Marginable	Yes	是否可融資買進
Option Tradable	Yes	是否有選擇權交易
Short Selling	Yes	是否可放空
Min. Secondary Share Purchase	1	最低買賣股數
Expense Ratios	0.12%	總開銷比例

追蹤歐洲股市指數的ETF，就可以在ETF Connect分別進行查詢，然後自行比較兩個結果頁面即可。

第十四章

如何挑選指數化投資工具

本章將討論挑選指數化投資工具時應考量的重點。

代表性

由前面章節的論述中可以知道，指數化投資的目的在於持有經濟體的一小塊，而且是具有代表性的一塊。

要符合這個條件最好的選擇是追蹤全市場指數，將所有上市公司一網打盡，全部囊括的指數化投資工具。譬如寶來的台灣加權股價指數基金、Vanguard的全美國股市指數基金，就都是追蹤全市場指數的基金。

這種指數型基金和ETF不僅囊括大型股，它也持有中型股和小型股，因此最能反應整體市場的表現。

但持有全市場的證券會讓其中低流動性、交易成本高的證券拉高基金的營運成本，有時對於有效追蹤整體市場表現反而是一個扣分因子。而且有時候，某些市場根本沒

有追蹤全市場的指數化投資工具。這時投資人就必須找尋追蹤大型股指數的投資工具。

　　為什麼是追蹤大型股，而不是追蹤中型股或小型股的指數化投資工具呢？答案就在於代表性。我們必須持有具代表性的一塊經濟體。

　　什麼是大公司？公司的大小或許可以用廠房面積、員工人數、每年營收等數值來代表或比較。但在股票市場，大公司一般指的是市值大的公司。所謂市值（Market Capitalization）指的是每股市價（Share Price）乘以流通股數（Shares Outstanding）。譬如某公司每股100元，流通股數1億股，那麼這家公司就有100億的市值。市值大的公司往往代表它提供的產品和服務在經濟體中占有較顯著的一塊。所謂大型股，指的就是市值大的公司股票。

　　譬如台塑和鴻海，在2009年2月初的市值分別約是2,700億和4,800億台幣，它們都是大型股，也是台灣50指數的成份股。譬如智冠這家遊戲軟體公司，同期市值約100億，屬中小型股。何者的產值較大？誰在台灣整體經濟中具要較重要的份量？答案顯而易見。而其實，整體股市的表現也多為大型股所決定。

　　所以假如追蹤全市場指數的基金和ETF不存在或不適用時，投資人可以持有追蹤大型股指數的指數化投資工具，一樣可以有效追蹤整體市場與經濟的表現。

指數追蹤方法

指數化投資工具追蹤指數的方法一般有兩種：「複製與採樣」。

複製指的是完全模仿指數的成份股。指數中有幾支股票、基金或ETF內就有幾支股票。這些股票在指數中占多少比重，它們在基金或ETF內就有一樣的比重。

這種追蹤方法一般用於目標指數成份股較少的標的。譬如追蹤台灣50指數的台灣50 ETF，就是完整持有台灣50指數內的50家公司，持有比例以各公司市值決定。譬如追蹤美國標普500指數的SPY這支ETF，也是完全持有標普500指數的每一支成份股。

另一種指數追蹤方法，採樣。則是從目標指數中以財務工程抓取出具有代表性的證券，創造出與目標指數相同的基金與ETF表現。

採樣常應用於目標指數含有爲數龐大的成份股時。譬如追蹤加權股價指數的寶來台灣加權股價指數基金和追蹤摩根史坦利廣泛美國市場指數的Vanguard全美國股市指數基金，都是以採樣的方式來追蹤指數。採樣的目的在於

降低基金和ETF的營運成本，且能有效追蹤對應指數。

一般來說，複製這個方法可以確保投資人拿到與指數完全相同的報酬率（尚未計入成本）。採樣這個方法則可能會出現基金或ETF表現與指數出現較大差異的狀況。

所以一般來說，複製會是較好的選擇。

但和前一個考量因子「代表性」一同思考時，指數化投資人常會面對兩難的情況。也就是說，雖然全市場指數型基金或ETF較具有代表性，但這種追蹤全市場的指數化投資工具往往以採樣進行追蹤。而追蹤大型股的指數則常以複製為追蹤方法。

這時就要一併考量，追蹤大型股和追蹤全市場的指數化投資工具，到底何者較能有效反應市場表現。

舉兩個例子來說。

以追蹤台股全市場指數的寶來台灣加權股價指數基金和追蹤台股大型股的寶來台灣50 ETF比較。寶來的台灣加權股價指數基金是以採樣追蹤，而寶來台灣50 ETF則是以複製追蹤。

雖然台灣加權股價指數基金追蹤全市場指數，在代表性方面取勝，但它的營運未能有效反應指數表現，過去常有績效與指數間出現不小差異的狀況。反之，台灣50 ETF則能相當貼近所追蹤的大型股指數的表現，而該大型股指數與整體股市的連動性也有九成以上，因此使用寶來

台灣50 ETF來對台股進行指數化投資會是較佳的選擇。

再來看看美國的例子。譬如Vanguard公司發行的美股指數化投資工具，有追蹤標普500這個美國大型股指數的標普500指數型基金，也有追蹤美國全體股市指數的全美國股市指數基金。前者以複製，後者則以採樣為追蹤方式。

在比較基金與對應指數的表現之後可以發現，雖然兩者追蹤指數的方法不同，但都能很貼近指數的表現。而Vanguard全美國股市指數基金的代表性較佳，大、中、小型股皆有囊括，因此使用Vanguard全美國股市指數基金來對美股進行指數化投資會是較佳的選擇。

成本

　　成本是選擇指數化投資工具的重要考量。

　　假如有兩支追蹤同一個指數的ETF（或基金），一支收取每年0.5%的開銷比例，另一支則有每年0.2%的開銷比例。這可說是高下立判，想必是費用0.2%，較便宜的那個投資工具勝出。

　　假如有追蹤同一指數的指數型基金，內扣費用相同，但一支買進時要手續費，一支不用手續費，那麼也一樣是勝負立決，免手續費的基金勝出。

　　追蹤同一指數的指數化投資工具在計入費用前會帶來相同的報酬。因此在計入費用後，成本愈高的基金和ETF會讓投資人拿到愈少的報酬。所以追蹤同一指數、同一市場的指數化投資工具，一定要優先考量低成本的選擇。

　　成本甚至決定了進行指數化投資的管道。譬如一樣買進台灣50這支ETF，投資人可以跟券商開戶買，也可以請銀行代買。一般來說後者的費用會比較高。但這兩個投資管道都讓投資人持有一樣的台灣50 ETF。透過較高成本的投資管道買進的ETF絕不可能因此而有較高的報酬。

買一樣的東西為什麼要多花錢呢？所以投資人在進行指數
化投資時，請選擇低費用、低成本的工具和管道。

　　事實上，如果選用高成本的指數化投資工具，那麼你
將很難體會到指數化投資的優勢。

　　總結來說，這三個考量重點：代表性、追蹤方法和成
本，目的都在於讓投資人選出低成本且有效反應整體市場
表現的指數化投資工具，讓投資人能得到最貼近市場表現
的報酬。

指數化投資人在考量投資工具時，常會遇到一個問題，到底該用開放型共同基金還是ETF呢？

這個問題特別常見於以美國券商進行指數化投資的投資朋友。因為美國投資工具的多樣化，所以常有追蹤同一個指數，工具卻有開放型基金也有ETF的狀況發生。一般來說應考量以下幾點。（關於美國券商這個投資管道，在本書第十九章〈海外券商開戶〉中將有更詳細的解說。）

投資成本

一般來說，追蹤同一個指數的ETF其開銷比例會比開放型基金低。譬如Vanguard全美國股市指數基金，也就是透過美國券商可以買到的美國註冊基金，年度開銷是0.18%。而同樣是Vanguard發行，追蹤同一指數的ETF（Total Stock Market ETF），年度開銷卻是0.09%，每年

比開放型基金少了0.09%的開銷。

　　但是在買進時，假如投資人選擇免佣金的指數型基金（以台灣投資人熟悉的說法就是買進不用手續費），那麼在買進成本方面，指數型基金會比需要手續費的ETF便宜。

　　也就是說在投資成本方面，內扣費用是ETF勝出，但在外部收取的費用方面，卻是開放型基金勝出。

　　以某家美國券商（Firstrade）的收費為例。它在投資人定期定額投入免佣的指數型基金時是不另外收取費用的。投資人買進ETF時，每次交易則不論金額大小皆收取約7美元的費用。

　　我們假設投資人每月投入100美元進入指數化投資工具，以Vanguard新興市場指數基金與Vanguard新興市場ETF進行比較，比較看看兩者分別需付出多少費用。

　　投入開放型基金每年需內扣0.39%的費用，所以這100美元的投資每年要支出0.39美元。投入ETF每年需內扣0.27%的費用，所以這100美元的投資每年要支出0.27美元。

　　投入ETF時，比買進基金多付出7美元的成本。這7美元以ETF內扣費用的優勢要多久才能打平呢？從上段算出，ETF內扣費用每年比開放型基金少0.12美元，因此簡單計算是7除以0.12，58年才會追平，看來是相當久的時間。（7除以0.12是一個很粗略的計算，因為沒計入金錢的時間價值。）

但假如每月投入1萬美元呢？假如這1萬美元投入開放型基金，則一年需39美元的內扣支出，而ETF則只要27美元的支出。兩者間12美元的差距可以讓ETF在一年之內就追平當初買進時付出的7美元費用。

買進ETF和基金時的手續費是一種**一次性費用**，就只在交易時付出。基金和ETF內扣的開銷比，則是一種**持續性費用**。只要你持有這個投資工具，就要一直付出。因此ETF和開放型指數基金的投資成本比較，就在於一次性費用與持續性費用的比較。

這個例子的結論在於，**ETF較適合金額較大的投資**。當ETF和指數型基金都能有效追蹤同一指數時，不管是單筆還是定期投資，金額較大的投入會讓ETF擁有較低廉的持續性費用這個優勢較快顯現出來。

每個投資管道的收費不同，每支基金和ETF的費用差距也不同，但投資朋友一樣可以用上面例子中的計算方法，自行對兩者進行評估。

自動投入或自行買進

假如你想定期投入，指數型基金可以在預設好的每月買進日期定時買進，美國券商可以幫你自動執行。但若是ETF就要自行定期買入。譬如你想要在每月15日定期投入指數型基金，那麼美國券商可以自動幫你扣款買進，但ETF的話，投資人就要自行下單。

自行下單會增加一些工作與心理負擔。因爲這個下單過程將強迫你去接觸短期市場的起伏。

如果在你預定買進的日期市場嚴重下挫，你便會開始想，如果等個三天再買會不會有更低點？你很難不在買進時動用人爲判斷。如果過了三天果然有更低的買點，那麼你可能就買進了。或者可能又會想，下個月會不會有更低的買點？也有可能在等了三天之後，市場逆轉，迅速直衝向上，你又會爲當時沒買進而懊惱不已。

因此使用ETF定期買進，你很難不經歷這些情緒波動，你需要很強的紀律才能在每個預定的時程都確實執行買進的動作。你必須對短期市場起伏視若無睹，才不會在買進幾天後又再比較淨值，弄得自己不高興。而使用開放

型基金的話，別人會幫你做好工作，你不用想太多，只要
按照計畫走下去就好了。

　　所以建議投資人在選擇ETF與開放型基金時，應該
把自己的個性因素也一併納入考慮。

完全投入

　　如果你每個月有100美元想投入某指數化投資工具。而你選用的是開放型基金的話，那麼你這100美元可以完全投入，因爲基金股數可以有小數點。假如每股基金是40美元，那麼你就會買到2.5股。但ETF不一定可以讓你這100美元都完全買進，因爲ETF的交易是以1股爲單位（美國市場）。假如ETF每股是40美元，那麼你要不就是買進2股，投入80美元，要不然就是買進3股，投入120美元，你沒辦法下單買進2.5股ETF。你要不就是少買，要不然就是多買一些，股數一定要是整數。

　　總結來說，如果追蹤同一指數的基金和ETF都能做好它的工作，那麼要選擇基金或ETF就有很大部分取決於投資人本身的喜惡與狀況。對於投資金額較大、較在意長期投資成本差距的投資人來說，ETF會是比較好的選擇。但對於想要減輕心理負擔，想全額投入的投資人來說，指數型基金將會是比較好的選擇。

第十六章

另一種指數化投資

指數化投資工具包括了開放型基金和ETF，但現在它們已經不僅是單純追蹤整體市場表現的工具，近年來更出現了槓桿指數化投資工具。像是兩倍槓桿ETF，就是在對應指數上漲1%時，讓ETF漲2%。更有三倍槓桿ETF，給投資人三倍的市場漲跌。除了槓桿之外，也有反向指數化投資工具。譬如一倍反向ETF，就是當對應指數跌1%時，反向ETF可以賺1%。更有兩倍反向ETF，讓你有機會在下跌的市場賺得更多。除了槓桿和反向之外，還有追蹤單一產業中細支分項的ETF出現。以下將對這些指數化投資工具做一些簡單的介紹。

槓桿指數化投資工具

指數化投資人在接觸到兩倍、三倍市場漲跌的指數化投資工具時，最常想到的問題就是，既然我相信市場將

反應經濟狀況，而就長期來看，經濟有很大的機會是成長的，那我何不就買進兩倍或三倍槓桿的指數化投資工具，享受更大的資產增值呢？

面對這些槓桿和反向指數化投資工具時，投資人心中一定要有的概念是，這些槓桿和反向所承諾的兩倍、三倍變化，和反向一倍、兩倍等變化，指的是一天內的變化。也就是說當對應指數今天漲1%，那麼兩倍ETF就漲2%，一倍反向ETF就跌1%。它們承諾的都是一天的變化。它們從沒承諾過，當對應指數在一週、一個月或一年的期間內漲了1%後，它們可以得到正向幾倍或反向幾倍的報酬。

這是一個核心重點，值得再強調一次。請注意！**這些槓桿與反向指數化投資工具，指的是一天指數報酬的槓桿和反向。只有一天而已，不是兩天、一週、一月或任何其它的時間。**瞭解這點後，你才能對這種指數化投資工具的性質有基本的掌握。

先來個假想實驗，請看下表：

時間	指數	漲跌百分比	2倍ETF	漲跌百分比
第一天	100	－	100	－
第二天	110	10%	120	20%
第三天	99	- 10%	96	- 20%

假如在第一天收盤後指數值為100，對應該指數的2

倍ETF每股淨值則是100。第二天，指數漲了10%來到
110，那麼2倍ETF就會漲20%（先不計入內扣運作成
本）使得每股淨值升為120。到這裡都很好，2倍ETF很
順利的達成兩倍報酬。但假如第三天市場跌了10%，指數
降到99，那麼兩倍ETF會跌20%，降為96的淨值。這下
有趣了，這三天下來，市場先漲10%再跌10%，總結是
損失1%，但兩倍ETF總結居然是下跌4%，遜於指數。
市場只要來幾次這種漲跌互見的走勢，那麼兩倍槓桿指數
化投資工具的表現就會慢慢的愈輸愈多。

　　這類ETF只承諾單日的槓桿或反向，並不保證時間
超過一天之後和對應指數間會是怎樣的關係。所以其實沒
有人會知道，在超過一天之後它會和對應指數間有怎樣的
關係。

　　假如指數每天漲0.02%，天天漲，漲一整年，那麼兩
倍槓桿指數化投資工具的確會帶來兩倍的成果。但假如市
場起起伏伏，漲了之後又跌，跌了之後又漲，這樣來回幾
次的話，兩倍與三倍指數化投資工具的報酬將與指數間的
差距愈來愈大，而且是朝落後的方向發展。請問每天漲或
是起起伏伏，哪一種才是市場的常態呢？

　　我們來看些實際的例子。Vanguard的標普500指數
型基金單純以追蹤美國標普500指數為目的。Profunds的
UltraBull基金則以每日兩倍的標普500報酬為目的。我們

來看這兩支基金從2002年以來的單年報酬。

年度	標普500指數基金	兩倍標普500指數基金
2002年	- 22.15	- 46.5
2003年	28.5	55.1
2004年	10.74	17.8
2005年	4.77	2.8
2006年	15.64	23.8
2007年	5.39	0.9
2008年	- 37.02	- 67.3

　　我們可以看到，在上漲的年度裡，兩倍型基金從來沒達到過兩倍的漲幅。但在下跌的年度裡，像是2002年，兩倍型基金倒是可以達到兩倍以上的跌幅。

　　槓桿指數化投資工具是讓投資人掌握一天賺錢機會的工具（卻以賠更多的可能性做為代價），而不是長期持有的工具。請注意，它提供的是一天賺兩倍或三倍市場報酬的機會，並不是保證你可以賺到一天兩倍或三倍的市場報酬，它也可以讓你招致兩倍或三倍於市場的虧損。有這個機會，並不代表你就辦得到。預測未來市場走向已經是幾近不可能的事，若想要預測一個限定的時段內（一天）市場將有怎樣的表現，那更是雙倍的不可能。

　　當傳統指數型基金和ETF讓投資人輕鬆看待市場起伏，平穩走過漲跌時刻，獲取最後經濟成長的果實時，這些槓桿工具將讓投資人因每天的起伏產生加倍的恐懼與興

奮。他們不僅不知道短期（超過一天）使用會產生怎樣的
結果，更不知道長期持有會帶來怎樣的績效。指數化投資
可以完全不需要這些。

反向指數化投資工具

2008年全球股市表現不佳，反向指數化投資工具卻大行其道，它號稱能讓你在下跌的市場中掌握賺錢的機會。但投資人必須注意的是，這些反向工具一樣是承諾一天內的反向，而不是任何其它期間的反向。

我們一樣先來個假想實驗，請看下表：

時間	指數	漲跌百分比	2倍反向ETF	漲跌百分比
第一天	100	–	100	–
第二天	90	- 10%	120	20%
第三天	100	+ 11%	93	- 22%

當指數先跌10%再漲11%，回到原點100時，兩倍反向ETF會形成7%的虧損。情形和槓桿指數化投資工具一樣，你不知道超過一天時間後，兩倍反向ETF的成績與指數間會變成怎樣的關係。

接下來我們看些實例。

你認為在一個全年下跌52%的市場，它的反向兩倍ETF應該賺多少呢？是50%、80%還是100%？

我們以2008年為例。在這年，新興市場指數ETF

（Vanguard Emerging Markets ETF，代號VWO）下跌了52%。而承諾提供同一指數單日兩倍反向報酬的ETF（UltraShort MSCI Emerging Market，代號EEV）這一年的報酬是多少呢？答案是負25%。是負的！

就算你看對2008整年新興市場是下跌的趨勢，事先就買好兩倍放空ETF，等著你的一樣是虧錢的結果。

根本原因和上段在槓桿指數化投資工具中描述的相同，因為市場會漲漲跌跌，而不是永遠下跌。假如熊市（注1）每天跌0.03%，天天跌，那麼整年下來，兩倍反向ETF的確會給你兩倍反向報酬。但假如市場起起伏伏，那麼你實在不知道過了一段時間後，這些兩倍反向ETF將會帶來怎樣的績效。而後者卻正是市場的常態。

下表整理了在2008年幾個下跌的市場區塊中，單純追蹤指數與兩倍反向ETF的表現：

項目	單純指數	兩倍反向
新興市場	-52%（ETF代號VWO）	-25%（ETF代號EEV）
美國房地產	-40%（ETF代號IYR）	-50%（ETF代號SRS）
美國能源類股	-37%（ETF代號IYE）	-9%（ETF代號DUG）

我們可以看到，在2008年三個重挫的市場，新興市場、美國房地產與美國能源類股中，兩倍反向ETF沒有一個是正報酬。

這些反向ETF的廣告與推銷用詞，常是「讓你在熊

市也能賺錢」這類字詞。真的嗎？在-52%的新興市場拿到-25%的報酬可以叫賺錢嗎？上表中哪一個兩倍反向的ETF幫投資人在下跌的市場中賺錢了？假如你不能預測**每天**的市場走向，那麼這種工具一樣沒用。

反觀指數化投資人會將熊市視為拍賣大會，開心的繼續增加自己對整體市場與經濟的持份，而不是去猜測整體投資人的情緒起伏。因為他們知道，後者是從沒有人能持續做對的事，而前者則讓他有很高的勝算。低點買進的獎賞正是日後較高的預期報酬。

槓桿與放空的指數化投資工具是讓投資人猜測短期市場走向的工具，只是讓投資人驗證自己是否比市場更高竿，可以猜對明天的漲跌情況而已。對那些相信正統指數化投資，買進經濟體的一小塊然後長期持有以獲取收益的投資人來說，槓桿與反向工具只是具有指數之名，卻無指數化投資之實的累贅工具。

注1：股市術語，又稱為空頭市場，指價格走低的市場。其相反情況則稱
　　　為牛市（多頭市場）。

產業分項指數化投資工具

　　目前市場上也有追蹤單一產業指數的指數化投資工具。譬如追蹤金融、能源、電訊、健康產業的指數型基金和ETF。

　　這類產業指數型基金有兩種用法。

　　一種是假如投資人不太贊成全市場指數型基金裡各產業的比重，譬如在某個市場中，電子通訊產業占整體的20%，但你又覺得這個產業日後表現會比大盤好，那麼你可以在買進追蹤全市場（或有代表性的大型股）的指數型基金或ETF後，再買進追蹤電子類股的指數化投資工具，讓你的投資組合稍微偏重這個方面。

　　或者，你完全不同意全市場指數型基金中各產業的比重，那麼你可以自行買進各產業的指數型基金或ETF，決定它們各自的比重，組合成屬於自己的全市場投資工具。

　　但是，使用和全市場組合不同的投資方式代表你將拿到和市場報酬不一樣的成績。你可能多賺，但也可能少賺或多賠。而且買進各產業ETF代表要花更多的心力照顧自己的投資。對於大多數的指數化投資人來說，買進全市場

或追蹤大型股的指數化投資工具是最簡易的選擇。

產業分類的指數化投資工具近年來有朝過細分類發展的傾向。譬如XShares這家資產管理公司發行的醫藥產業系列ETF，其分類有心臟疾病、感染疾病，甚至還有皮膚科與傷口照顧，都各自有其對應的ETF。這讓投資人不僅可以在看好醫藥產業後買進，更可以視投資人覺得皮膚美容比較有發展潛力，還是覺得禽流感威脅下感染疾病相關產業比較有擴充可能，自行評估後買進。（注1）

對於產業的變化，我們可以回顧一下歷史。

五十年前，在美國標普500指數成份股中，能源是重要產業，占21%的市值，當時的資訊產業只有3%的比重。但到了2003年，能源比重降到6%，資訊產業則升為18%。假如你生活在1950那個年代，你是否想像得到日後有天會出現一種叫網路的東西，會有一天手提電腦變得如此普及，而它的運算能力甚至還比美國阿波羅登月計畫使用的電腦更強大，這些你能想像得到嗎？

拉回到現在，你又能想像得到未來會有什麼新發展嗎？重點是，假如你可以預先知道，那就不會是「新」發展了。

你怎麼知道當今盛極一時的產業會不會是明日黃花呢？

對單一產業或其更細的分項進行押寶從來就不是一個

好主意。產業興衰，你很難知道自己會不會不小心跟上未來沒有市場的產業。但人類一直都有需求，一個產業的消失必然是有更新更好的服務與產品取代人類在這方面的需求。買進全市場指數化投資工具，讓它自然淘汰沒有市場而下市倒閉的過氣公司，納入蓬勃發展的新興產業，讓你輕鬆坐擁人類經濟發展的果實。

投資人不一定要跟隨資產管理公司在產業分類裡的精益求精。因為資產管理公司的目光如豆有時看起來會像是明察秋毫。但其實使用全市場指數或具有代表性的大型股指數化投資工具，仍是最方便、最可行、最有效的指數化投資方式。

總結來說，所謂「另一種指數化投資」其實是多此一舉的指數化投資。槓桿、反向與過細產業分項的指數化投資工具，違反了傳統指數化投資擺脫情緒起伏、不猜測市場走向與擁有全體產業的基本原則。指數化投資其實不必那麼複雜。

不過假如你還是對這些「另類」指數化投資工具很有興趣，那麼將可以在以下幾家資產管理公司找到相關產品。

首先是ProShares。它是ProFunds這家資產管理公司旗下的ETF產品。這系列ETF名稱開頭是Short的，就代表與指數反向。譬如Short S&P 500，就代表與標普500反向。標普500跌2%，這支ETF漲2%（單日）。名

稱開頭是Ultra 的，則代表兩倍。譬如Ultra S&P 500就代表標普500漲2%，這支ETF要漲4%（單日）。同理可知，Ultra Short的ETF，即為兩倍反向之意。對應指數跌1%，該ETF漲2%（單日）。

ProShares的產品列表可在以下網頁尋得：http://www.proshares.com/funds

Rydex這家資產管理業者也有許多槓桿與反向的ETF，產品內容與ProShares有些重覆。其ETF產品總目錄可在以下網頁找到：http://www.rydexinvestments.com/products/etfs/home/etf_profiles.rails

Direxion則有三倍槓桿與反向的ETF。在以下網頁可以看到其ETF產品列表：http://www.direxionshares.com/etfs

對台灣投資人來說，目前接觸這些另類指數化工具最方便最便宜的管道，就是直接跟美國券商開戶。

注1：XShares發行的醫藥產業細分項ETF，其中有多數已經在2008年清算下市。

第十七章
如何用ETF或指數型基金完成投資組合

　　目前多樣化的ETF和指數型基金可以讓投資人輕鬆完成一個分散全球的投資組合。而想要對自己投資部位有更多掌握的投資人，也一樣有合適的指數化投資工具。以下將介紹幾種指數化投資工具的組合方法。

　　假如你是個想要將投資分散全球的投資人，那麼最簡單的方法，在股市方面可使用Vanguard全球股市指數基金（Vanguard Total World Stock Index Fund，ETF代號為VT），搭配投資全球公債市場的道富國際政府債券ETF（SPDR Barclays Capital International Treasury Bond ETF，代號BWX）。股債間的比例可以依投資人自身的需求調整，即可完成一個如下表般投資全球股債市的投資組合。這種僅用兩種工具就可以完成的指數投資方法最適合崇尚簡單的投資人。

簡單至上投資組合	
投資區域	投資工具
全球股市	Vanguard全球股市指數基金
全球債市	道富國際政府債券ETF

　　假如你想要自行控制股市部位中各市場的比例，那就可以考慮使用區域股市指數化投資工具。全球股市一般可以分為北美、歐洲、亞洲成熟市場和新興市場四大區塊。這幾個區域都各有對應的指數化投資工具。如果你想要在這四大區塊都投入25%，那就可以將股市部位的資金分成四等份，分別投入這四個市場的指數化投資工具。債市方面則可以考量美債和其它政府公債間的比例。下表就列舉出一個可以讓投資人精確控制投資組合的範例。

精確控制投資組合		
	投資區域	投資工具
股市部位	北美	Vanguard全美國股市指數基金（ETF代號VTI） 巴克萊羅素3000 ETF（ETF代號IWV）
	歐洲	Vanguard歐洲股市指數基金（ETF代號VGK） 巴克萊標普歐洲350 ETF（ETF代號IEV）
	亞洲成熟市場	Vanguard亞洲成熟國家指數基金（ETF代號VPL） 巴克萊太平洋日本除外ETF（ETF代號EPP） 巴克萊日本ETF（ETF代號EWJ）
	新興市場	Vanguard新興市場指數基金（ETF代號VWO） 巴克萊新興市場ETF（ETF代號EEM）
債市部位	美國	巴克萊美國政府債券ETF（ETF代號SHY、IEI、IEF、TLH） 道富美國政府債券ETF（ETF代號BIL、ITE、TLO）
	美國以外	巴克萊國際政府債券ETF（ETF代號ISHG、IGOV） 道富國際政府債券ETF（ETF代號BWX）

　　而對於股市和債市兩種傳統資產類別感到不足，想要涉足多種資產類別的投資人，也可以利用指數化投資工具達成目標。除了前述的股、債市之外，投資人還可以考量抗通膨債券、貴金屬、房地產（REIT）這些資產類別。

指數魔人投資組合		
資產類別	投資區域	投資工具
抗通膨債券	美國	巴克萊美國政府抗通膨債券ETF（ETF代號TIP） 道富美國政府抗通膨債券ETF（ETF代號IPE）
	美國以外	道富國際政府抗通膨債券ETF（ETF代號WIP）
貴金屬	黃金	道富黃金ETF（ETF代號GLD） 巴克萊黃金ETF（ETF代號IAU）
	白銀	巴克萊白銀ETF（ETF代號SLV）
房地產（REIT）	全球	巴克萊全球美國除外房地產ETF（ETF代號IFGL） 道富全球房地產ETF（ETF代號RWO）
	美國	巴克萊道瓊美國房地產ETF（ETF代號IYR） 道富REIT ETF（ETF代號RWR）
	歐洲	巴克萊歐洲房地產ETF（ETF代號IFEU）
	亞洲	巴克萊亞洲房地產ETF（ETF代號IFAS）

　　假如投資人要將部分重心放在台灣市場，那就可以先用台灣50 ETF對台股進行指數化投資，剩餘的資金再投入國際市場。

愛台灣投資組合	
投資區域	投資工具
台灣股市	台灣50 ETF
國際市場	前述各種工具

　　這些指數化投資工具就像裁縫師的剪刀，可以裁出符合投資人個別需求的貼身投資組合。

Part 3

指數化投資的管道：
確實的瞭解，確實的執行

你知道嗎？佣金與手續費的差別

在台灣，買基金常要付出成交金額的某百分比做為「手續費」。譬如境外股票型基金是3%打折後的費用。但這種以成交金額百分比計收的費用其實是佣金而不是手續費。真正的手續費是以次計收的。假如你單筆買一次基金，不論是10萬還是100萬，業者都一樣收1千元，這才是手續費。不論金額大小以次數計收的費用才是手續費。

在台灣買賣基金時收取的都是美其名為手續費的佣金。想想看，一樣是買基金，處理10萬和100萬的金額，只不過多打了一個零而已，為什麼要多收十倍的費用？

透過券商買賣股票，那些千分之1.425的收費其實是佣金。就如同透過仲介買賣房屋，也是以成交金額的百分比來收取費用，這也是佣金。

因此在本章的說明中，將依照費用收取的方式明確使用「佣金」與「手續費」這兩個名詞。

◎作者在本章中提到的金融業者均為舉例之用，並非作者推薦。所有相關描述均為作者自身評論，沒有推廣介紹之意。投資人需自行考量，並為所有可能投資後果負完全責任。

透過國內金融業者所提供的服務，目前台灣投資人對於台灣股市與國際市場都有進行指數化投資的管道。但只有針對台灣股市才有低成本的指數化投資管道。對於國外市場的指數化投資，國內金融業者提供的管道收費頗高，大幅減低了指數化投資的效力。

要對台灣股市進行指數化投資，最簡單的方法是使用台灣50這支ETF。雖然它是一個大型股的ETF，但其成份股已占台股70%的市值，能有效反應整體市場表現。另外，同時含括大型股與中型股的富邦台灣摩根ETF也是個合理的選擇。含括範圍更廣的寶來台灣加權股價指數基金雖然更能代表整體台灣股票市場，但是因為內部開銷較高而且資產變化極大，讓經理人難以做好追蹤指數的工作。相較之下，ETF將會是對台股進行指數化投資較好的使用工具。

要購買台灣本地發行的ETF可以透過券商和銀行，以下分別介紹這兩個管道。

首先可以直接找國內券商開戶，之後就可以進行ETF

交易。對一般投資人來說，ETF的交易方式與股票幾乎完全相同，同樣以一千股爲單位（即俗稱的「一張」）進行交易。假如一股是30元，那麼一張ETF就要3萬元。

買賣時，券商收取成交金額0.1425%打折後的佣金。賣出ETF時，政府會課證券交易稅，ETF的稅率是0.1%，較一般股票的0.3%低。

透過券商直接在股票市場買賣ETF，投資人成交當下即可知道ETF成交價格爲何。

除了券商之外，國內某些銀行也提供代爲申購國內ETF的服務，譬如台新銀行、中國信託銀行和國泰世華銀行皆有提供此類服務。

透過銀行購買ETF可以單筆，也可以定期定額投入。譬如台新銀行代購國內ETF的服務，規定單筆最低5萬元台幣，定期定額最低3千元台幣。

銀行提供投資人購買ETF的服務，也會在買進時收取佣金。一樣以台新銀行爲例，佣金是買進金額的0.6%。賣出時銀行則不收取費用，但投資人需自行負擔銀行所委託的券商執行賣出時所收取的佣金和政府課徵的證券交易稅，此款項將直接從贖回金額中扣除。（注1）

透過銀行交易ETF是以信託方式辦理，因此還需要支付信託管理費，以每年0.2%計收。

透過銀行買賣的優點是可以小額購買，並提供自動定

時定額投入服務。但成交日會是在下一個營業日。譬如今天某投資人透過銀行下單買進ETF，成交價將會是下一個交易日，該銀行跟券商下單買進該ETF後全部成交價的平均值。賣出也是一樣的狀況。譬如今天透過銀行下單賣出國內ETF，成交價將會是該銀行下一個營業日跟券商下單賣出該ETF的平均價格。

目前台灣本地的ETF全都是以台股為投資標的。假如要對國際股市、債券、REIT、黃金或原物料等投資標的進行指數化投資，就必須利用在國外掛牌交易的ETF或指數型基金。以下管道可以讓投資人接觸到這些國外指數化投資工具。

透過國內金融業者的方式：券商複委託、投資型保單與委託銀行進行交易。

透過國外金融業者的方式：海外券商開戶。

以下章節將分別描述各個管道。

注1：投資人雖然透過銀行來買賣國內的ETF，但並不是由銀行直接去證券市場買賣ETF，銀行仍要委託證券市場的合法參與者，也就是證券商來進行買賣。

證券商複委託

　　投資人可以透過券商複委託的方式買賣在國外證券市場掛牌交易的ETF。

　　複委託的意思就是雙重的委託關係。投資人委託國內券商，這是第一層。國內券商再去委託國外券商代為買賣，這是第二層。藉由這兩層委託關係，投資人才能接觸到買賣國外證券的機會。

　　每個國家的證券市場都有其相關規範及參與者。像是台灣股票市場就是要在台灣登記有案的券商才能仲介投資人的股票買賣。所以如果有一家日本券商或一家菲律賓券商，他們在台灣沒有登記，那就沒有辦法仲介買賣台股。如果他們要買賣台股的話，就要委託台灣的券商。同樣的，台灣的券商在美國沒有登記，所以想要買賣美國市場的證券和ETF就要委託美國券商。這就是所謂的複委託。

　　中間多一層委任關係必然會多一層費用，而且往往是一層負擔頗重的費用。既然這樣，投資人是否可以直接找美國券商開戶買賣證券，這樣不是能有更多選擇，並且還可以省下大筆的費用嗎？答案是肯定的。這部分將在本書

第十九章〈海外券商〉中有較詳細的解說。

回到國內券商複委託這個主題。

目前許多券商皆有提供複委託的服務。投資人只要備妥相關證件並開立美元戶頭，即可開始進行交易買賣。

費用收取比率各家頗有不同，譬如某家券商的收費標準如下表：

成交金額	費用比例
5萬美元以下	1%（每筆最低50 USD）
5萬(含)～10萬美元以下	0.85%
10萬(含)～50萬美元以下	0.75%
50萬(含)美元以上	0.7%

我們可以看到這是一種以百分比計收的費用，也就是一種佣金。譬如一筆1萬美元的交易就會被收取1%，也就是100美元的費用。金額愈高，費用比例愈低。

＊優點：

1. 投資選擇相當多樣。進行複委託後，所有在美國掛牌交易的股票與ETF皆可進行買賣。

2. 投資人可完全自行決定購買哪些ETF，並對個別投資比重有完全的掌控。

＊缺點：

1. 買進時需以成交金額付出佣金，賣出時還要以成交金額

再付一次佣金，投資成本不小。

2. 無法處理美國ETF的退稅事宜。

投資型保單

　　有些投資型保單提供的投資標的裡包含了國外市場的
ETF。譬如安聯人壽某些投資型保單中便連結了相當多樣
的ETF。

　　透過保單，投資人得以買賣這些國外ETF。這個管道
選擇的多樣化，在國內指數化投資管道中僅遜於券商複委
託。但有兩點必須注意。

　　首先是投資人如果沒有保險的需求，既不需要壽險也
不需要年金險等任何投資型保單內含的保險成份，那麼他
就沒有必要選擇這個管道。因為投資型保單是保險與投資
的綜合體。如果你只有投資的需求，那又何必要付出保險
的費用？沒必要單純為了投資而去購買保單。

　　再來是這個管道的費用高昂。投資人不僅在投入這些
ETF時要付出1%的申購佣金。並且保險公司會另外收取
每年1.2%管理費與0.1%的保管費。也就是再額外內扣
1.3%的費用（實際費用比率依各家保險業者規定）。

　　譬如保單上有個投資標的是追蹤標普500的ETF。
這個標普500ETF是一個子帳戶。保單連結的許許多多投

資標的其實都各自是一個子帳戶。所有保單持有人投入某支ETF的資金會由保險公司將其匯整，再一起買進這支ETF。但投資人並未直接持有這支ETF，投資人持有的是這個子帳戶的一小塊。保險公司將每年從子帳戶中扣除1.2%管理費加上0.1%保管費，共1.3%的費用後，剩下的才是投資人持有的淨值。也就是說，假如ETF本身的內扣費用是0.3%的話，那麼保險公司等於是透過子帳戶再向投資人索取一層四倍以上的費用。這種內扣費用常讓人覺得不痛不癢，但重點是，它一樣是從你的口袋拿出。

＊優點：

1. 選擇多樣

＊缺點：

1. 不適合不需要保險的投資人。

2. 購買進時收取1%的費用，再加上每年內扣高達1.3%的費用，將嚴重妨害指數化投資的表現。

銀行委託交易

　　透過某些銀行像是台新銀行和玉山銀行等，可以交易某些在美國掛牌交易的ETF。譬如台新銀行可代為買賣16支美國ETF，名單如下：

ETF名稱	美股代號
那斯達克100指數ETF	QQQQ
史坦普500指數ETF	SPY
道瓊工業指數ETF	DIA
S&P金融產業指數ETF	XLF
MSCI歐澳遠東指數ETF	EFA
MSCI新興市場指數ETF	EEM
道瓊歐盟50指數ETF	FEZ
MSCI香港指數ETF	EWH
MSCI日本指數ETF	EWJ
MSCI南韓指數ETF	EWY
那斯達克生技指數ETF	IBB
羅素2000指數ETF	IWM
S&P能源指數ETF	XLE
道富黃金指數ETF	GLD
德意志銀行商品指數ETF	DBC
道瓊美國不動產指數ETF	IYR

　　我們可以從表中看出這些ETF主要投資於股市。投資人可以利用史坦普500指數ETF搭配含括歐亞成熟市場的MSCI歐澳遠東指數ETF，再加上MSCI新興市場指數ETF，自行組成一個囊括全球股市的ETF投資組合。也可以依據自己的判斷與考量，自行調整這些地區的比重。在這份列表中也有黃金與不動產指數ETF，為投資人增加了股市之外的資產類別選擇，但在債市相關ETF方面則較為欠缺。

　　以台新銀行的收費舉例。在買進ETF時，銀行會收取成交金額1.5%的佣金，管理費每年0.2%，賣出ETF時也會收取1.5%的佣金。單筆最低5萬元台幣，定期定額門檻最低為3千元台幣。（各項折扣與規定以各家銀行公告為準）

*優點：

1. 投資人可以依據自己的判斷選擇投入各標的的比重。

*缺點：

1. 選擇較少。

2. 每次投入依成交金額收取佣金，賣出時仍要收取佣金。並且投資人還必須支付每年的管理費。交易成本仍是不輕的負擔。

海外券商開戶

概論

　　台灣投資人其實可以直接利用國外券商來開戶投資。因爲目前全球金融市場中，不論是指數型基金還是ETF產業，就屬美國最爲發達。因此最有利用價值的管道便是美國券商。

　　但在這之前有一點必須要先釐清。投資朋友可能會對國外券商的合法性有所懷疑。我們來做個類比，如果有個日本人來台灣開立銀行帳戶或是證券戶會是違法的嗎？答案是不會。只要他跟台灣的金融業者往來，那麼他便受台灣的法令管轄。台灣的業者會以對待國際客戶的標準對待他。雖然台灣本地業者未受日本法令規範，但這不代表就是違法的。

　　同樣的，台灣投資人去開立美國券商戶頭。美國券商就會以國際投資人的標準對待台灣投資人。只要這家券商是美國合法且登記有案的業者，那麼它就受美國法令規

範。該券商雖不在台灣法令管轄範圍之內，但仍是美國的
合法投資管道。

在台灣的法令中，你找不到任何關於這些美國券商的
規範，因爲那並不屬於本國的管轄範圍。但這也不代表任
何金融機構打著美國或其它國家的名義就是合法的。台灣
有騙子，美國也一樣有騙子。投資人一定要知道如何查證
國外金融機構是否是登記有案的合法業者。

在前述的國內金融業者代爲交易國外ETF的服務
中，不管是券商、銀行還是保險公司，它們也必然有利用
國外券商的部分。只要善盡查證的功夫，便可以找到合法
可靠的券商。

所以在金融國際化的今天，投資人只要懂得如何保護
自己，其實可以有更國際化的選擇。

開立美國券商戶頭的理由

一般來說，美國券商有以下幾點優勢：

（1）更多的投資選擇

截至2008年12月底為止，台灣共有71家境外基金機構，共計894檔基境外基金。這形成了國內投資人對國外股市、債市、REIT等市場間接投資的管道。

在ETF部分，截至2008年12月底，美國市場共有758支掛牌交易的ETF，皆可透過美國券商買賣。有些美國券商還可以讓投資人買賣美國註冊基金。而美國基金總數超過一萬支。

（2）更好的服務

透過台灣金融業者買過境外基金的朋友就會知道，在你下單買進之後，要過三天左右，買進的單位數才會出現在你的網路銀行頁面上。而在你賣出之後，則可能需要等待高達七個工作天，錢才會出現在你的帳戶裡。如果你與美國券商往來過，你就會知道這是一種次等服務。

透過美國券商買賣美國註冊基金，如果你在晚上11點（台灣時間）下單，不論是買進還是賣出，你就會在隔

天中午12點（台灣時間）就看到買到的單位數或是贖回的錢在你的帳戶中。在24小時內，美國券商就會完成你的交易（只要你不是在假日下單）。

我一直覺得很奇怪的一點是，為什麼台灣的基金公司和銀行可以晚七天將基金贖回款給投資人卻不用賠付利息？為什麼美國金融業者都可以完成當天基金交易，而這些來台灣的境外基金公司卻連一家都辦不到？

曾經持有過境外基金的朋友也常感到困惑，為什麼宣布配息了，我的帳戶中還沒看到錢？如果覺得不對勁還得要到處打聽或上網發問一下。然而透過美國券商買進的基金和ETF，在資產管理公司宣布配息當天，錢就會在你的帳戶裡出現。

美國券商也會負責將基金與ETF的年度報告和公開說明書寄給投資人。也就是說，雖然我們在台灣，遠在太平洋另一端的美國券商還是會寄紙本報告給我們閱讀。因為美國法令要求，這些基金報告一定要轉達給投資人。請問，透過兩條街外的銀行購買基金的台灣投資人，是否曾收過銀行寄給你的基金公開說明書和年度報告呢？（投資人可以要求美國券商將這些紙本文件改為寄到電子郵件信箱的PDF檔，這樣比較環保。）

（3）更低的收費

美國金融業競爭非常激烈。如果你透過折扣券商（注

1）進行投資，那麼你會發現費用相當低廉。

　　和台灣一樣，透過美國券商買賣ETF視同股票交易。但和台灣券商收取成交金額0.1425%打折後的佣金不同的是，美國券商收的是手續費。也就是說，不管你是買賣價值3千美元或是3萬美元的ETF，它們就只收取一個定額，譬如5美元或是7美元的費用。有的券商甚至提供一個月免費十次的交易。

　　台灣投資人在購買境外基金時，常要付出股票型基金3%、債券型基金1.5%打折後的佣金。不論是單筆投入或是定期投入，都必須支付。而將佣金打折我們國內業者稱之為優惠。

　　相較之下，如果透過美國券商購買美國註冊基金，美國基金有一種類別叫免佣基金（No Load Fund），買賣它是不需要付出任何佣金的。如果你用1千美元去買，那麼這1千美元就會全部用來買進基金，你不必再付出百分之幾的佣金，或是再去討價還價看是要打幾折。這種基金本身就是免佣金。投資人如果想要給自己0折的優惠，那就可以直接去買免佣基金，不須與業者討價還價。

　　透過國內銀行購買基金還要收每年0.2%的帳戶管理費。美國券商也沒有這種收費。

　　這是在券商交易成本方面的比較。在投資產品的內扣費用方面，美國券商則可以讓你買到每年內扣費用以千分

之幾，萬分之幾計算的指數型基金和ETF。

　　譬如1萬美元的基金投資，如果投入國內常見的股票型境外基金，每年1.5%的經理費等於是每年讓你光是在經理費的開銷就要付出150美元。美國註冊的Vanguard全美國股市指數基金的總開銷比卻只有0.18%，1萬美元的投入，一年全部內扣費用只要18美元，是前者的八分之一。

　　低廉的交易成本與內扣費用，將確保投資人保有投資成果中最大的一塊。

　　但使用美國券商也有以下的缺點：

（1）疏離感

　　透過美國券商交易會有種疏離感，這種感覺會出現在兩方面。

　　首先，就算你做好查證的工作，知道這家美國券商是合法業者，但和你透過國內銀行買基金就是會有不一樣的感覺。譬如你透過彰化銀行買基金，你每天上班的路上說不定就會看到彰化銀行，你會看到裡面人來人往，營運如常。但一樣是合法金融業者，除非你去美國時剛好見過，否則跟你往來的美國券商對你來說，會是一個你沒見過營業大廳也沒看過服務人員的陌生業者。

　　再來就是，當你的同事討論透過國內銀行購買基金的

狀況時，你會彷彿完全置身事外，因為你已經採用了一個
完全不同的投資管道。你面對的收費結構還有投資標的將
和其他台灣投資人很不一樣。假如要以投資為話題，那麼
你可能要在目前台灣還為數不多的海外券商投資人中找尋
朋友。

（2）語言隔閡

　　有的美國券商很重視國際客戶這塊市場，甚至有完全
中文化的網路操作介面和國台語電話客服。但是不論是基
金還是ETF，當你想要詳細瞭解這些投資標的時，你面對
的將會是英文文件。如果投資人本身的英文能力不足以讓
他獲取滿意的資料，那麼他也會覺得這是個不易使用的投
資管道。

注1：**折扣券商翻譯自英文的**Discount brokerage firm，**最早美國的證券
商是全服務券商**Full-service brokerage firm，**會提供買賣股票的建
議，但收費也較貴。後來才出現折扣券商，收費非常便宜，但不會
提供任何證券買賣建議，適合想**DIY**的投資人，書中介紹的美國券
商多屬此類。**

海外券商查證

　　查證一家券商是否是合法且登記有案的業者是考慮這條管道時的第一要務。一家美國券商一定要在三個地方登記有案，才值得投資人考慮。這三個地方分別是美國證券交易委員會（Securities and Exchange Commission，簡稱SEC）、美國金融業監管局（The Financial Industry Regulatory Authority，簡稱FINRA）和美國證券投資人保護公司（Security Investors Protection Cooperation，簡稱SIPC）。不僅在投入之前要確定這三個登記，這家券商也必須持續維持在登記有案的狀態。

　　以下將介紹投資人如何查證一家美國券商是否在這三方面都登記完備。

　　相關查詢可直接連到美國金融業監管局（FINRA）網頁http://www.finra.org/Investors/index.htm，然後點擊頁面右上角的FINRA Broker Check（券商檢查），如下圖圈選處：

　　點選後會出現下一個頁面，這時請再點擊藍色START SEARCH（開始搜尋）按鈕。然後進入下一個

頁面，這是FINRA希望你同意它的使用條款。請勾選方框，並點擊藍色CONTINUE（繼續）按鈕表示你同意，以進入下一步驟。

接下來的頁面中請輸入券商的名字，譬如我們想查詢Firstrade這家券商，就將它的名字鍵入空白欄位中。欄位下方有個選項，請選Brokerage Firm（券商），然後點擊藍色START SEARCH（開始搜尋）按鈕，如下圖所示：

接著會出現確認驗證的頁面，請直接輸入你看到的驗證數字，再點擊藍色CONTINUE（繼續）按鈕即可。

如果該券商在FINRA

券商資料庫中的話，那麼就會出現該券商的搜尋結果如下
圖所示：

FINRA BrokerCheck - Search Results

List View

Below is a list of all possible matches that were returned based on the search criteria you provided. Review the information below to determine the brokerage firm or individual broker you would like to view. Select the brokerage firm or individual broker to view the information available on BrokerCheck.

Results 1 to 1 of 1

Matched Name▲ (CRD#)	Legal Name	Business Name (If Different)	FINRA Status
FIRSTRADE SECURITIES INC (16843)	FIRSTRADE SECURITIES INC.		Active

點此進入細部資料頁面　　　　　　　　　　　檢查券商的FINRA會籍狀態

　　首先必須先確認該券商的FINRA會籍狀態（FINRA
Status），如上圖右方圈選處，這欄必須是Active（有效）
的，而不是Inactive（無效）的狀態。

　　在確認之後，點選搜尋結果中的券商名稱（如上圖左
方圈選處）會進入更詳細的資料畫面如下圖：

　　這個頁面會有些基本資料，但建議直接點選右上角的
觀看完整PDF報告（View Full PDF Report）這欄（如上

圖圈選處），查看更詳細的報告。

　　這份PDF報告中會有許多詳細的資料，包括公司成立日期、主要股東和公司高層人員名單等。重要的是，要在公司運作（Firm Operations）這部分查看券商的登記狀態，譬如Firstrade這家券商的報告就是這樣的：

Firm Operations

Registrations

This section provides information about the regulators (e.g., U.S. Securities and Exchan
regulatory organizations, states and U.S. territories) in which the firm is currently registe
date the registration became effective, as well as certain information about the firm's SE

This firm is currently registered with the SEC, 4 SROs and 52 U.S. states and territ

Federal Regulator	Status
SEC	Approved

SEC Registration Questions

This firm is registered with the SEC as:

A broker-dealer:　Yes

A broker-dealer and government securities broker or dealer:　Yes

A government securities broker or dealer only:　No

This firm has ceased activity as a government securities broker or dealer:　No

Self-Regulatory Organization	Status
FINRA	Approved
BATS Exchange, Inc.	Approved
NASDAQ Stock Market	Approved
NYSE Arca, Inc.	Approved

　　在這部分報告中，券商的SEC和FINRA登記狀態（Status）一定要是許可（Approved）的狀態，如上圖圈選處所示，這是最低要求。SEC和FINRA登記只要缺一個，這家券商就不用考慮了。

　　接下來介紹如何查證第三個基本要求，也就是券商

必須是美國證券投資人保護公司成員（Security Investors Protection Cooperation，簡寫SIPC）。

先簡單介紹SIPC這家公司。它是在1970年美國國會通過證券投資人保護法案（Securities Investor Protection Act）後成立的。但它並不是政府機構也不是執法單位。而是由成員證券商出資成立的一家非營利機構。

它的目的很簡單，在成員證券商出現財務危機或破產，導致無法償付客戶透過該證券商購買的證券或資產時，出面介入並補償客戶。

所以，客戶投資虧損以致100萬元變0元，跟SIPC沒有關係。客戶受騙買到只是幌子的投資工具，也跟SIPC沒有關係。這家公司只負責它的成員券商倒閉或財務困難時，客戶名下資產的保全。

但是SIPC並不是每個客戶都保障。如果這個客戶同時也是券商的主管、持股超過5%的股東、或對券商營運有重大影響力的人，那麼這類客戶SIPC都不保障。

另外，SIPC也不是什麼投資都保障。一般有保障的證券包括股票、債券、ETF和基金，還有在券商裡的現金。不保障的則包括原物料期貨，和沒有在SEC登記的投資合約。

SIPC的介入模式是先以券商本身的資產償還客戶。不夠的部分再由SIPC的準備金支出。每位投資人最高享

有50萬美元的保障額度，其中包括最高10萬美元的現金部位償付。

　　要查詢往來券商是否爲SIPC成員，可至這個網站查詢：http://www.sipc.org/members/database.cfm，輸入網址後將會進入如下圖所示的畫面，在圈選的欄位中輸入券商的英文名稱即可查尋。

Member Database

According to SIPC's records, this database contains a list of members as of April 30, 2009.

To search the member database:

1. Select a category to search.
2. Enter your keywords separated by a space.
3. Press Search.

Search the Member Database
● Company ○ Trade Name ○ Address ○ City ○ State ○ Zip
[Firstrade] 在此輸入券商名稱 [Search]

READ THIS: SIPC WARNS OF PHONY "LOOK-ALIKE" WEB SITE

READ THIS: SIPC ISSUES BROKERAGE IDENTITY THEFT WARNING

　　我們一樣搜尋名爲Firstrade的券商，結果頁面如下圖所示：

Member Database

The following are SIPC members:　確認該券商爲SIPC成員

Company Name	Trade Name	Address	City	State	Zip
FIRSTRADE SECURITIES INC	FIRSTRADE SECURITIES INC	133-25 37TH AVENUE	FLUSHING	NY	11354

Return to Main Menu

　　一定要看到「下列爲SIPC成員（The following are SIPC members）」這句話，並在下方看到名稱與你輸入的

券商名稱完全相同的結果。假如你在SIPC找不到你想要查詢的券商，那麼我的建議也是不用考慮跟這家券商往來了。

筆者曾直接寫信詢問SIPC，外國投資人是否也受SIPC保護。SIPC人員答覆的信件原文如下：

"As long as you are dealing with a broker-dealer that is a member of SIPC your account is covered exactly like the account of a resident or citizen of the United States. "

簡言之，就是只要你是和SIPC的成員券商往來，那麼你的帳戶就會像是美國居民或公民的帳戶一樣，受到SIPC的保護。

這些查證過程雖然看起來有點麻煩，但其實只要在網頁上點選幾下就可輕鬆完成。這是在考慮和美國券商往來前一定要做的基本功課。**SEC、FINRA和SIPC這三方面的登記全是基本要求，只要缺了一個，就是不及格。**

海外券商比較

　　在這裡將選擇筆者個人經驗中曾經往來或聽聞過的幾家美國券商進行一些簡單的比較，並不具任何推薦之意。雖在目前查證下，這幾家券商都具有完備的SEC、FINRA和SIPC登記，但無法保證該狀態的持續。投資人在考慮透過美國券商投資之前應自行查證，並為所有可能的投資後果自行負責。

　　這裡進行比較的五家美國券商分別是：Firstrade（第一理財）、Charles Schwab（嘉信理財）、Scottrade（史考特證券）、E*Trade（億創理財）和Zecco（無中文名稱）。

　　首先我們來看看它們的可投資標的。

項目	基金	股票 （包括ETF）	債券	定存
Firstrade （第一理財）	○	○	○	○
Charles Schwab （嘉信理財）	○	○	○	○
Scottrade （史考特證券）	×	○	○	○
E*Trade （億創理財）	×	○	○	○

Zecco	○	○	✕	✕

假如投資人想要投資基金的話，那麼可以考慮第一理財（Firstrade）、嘉信理財（Charles Schwab）和Zecco。

至於股票和ETF則是五家都可以進行交易。它們既然是證券商，那麼股票交易便是基本服務。可以買賣股票就可以買賣ETF。假如你考量的標的是ETF，那麼這五家都可以列入選擇。

假如你想購買美元定存和美元債券，包括美國公債、市政債和公司債的話，那麼除了Zecco，其他券商都可以提供服務。

再來看看交易費用及最低開戶金額。

項目	最低開戶金額要求	帳戶維護費用	股票交易費用（網路下單，每筆）	基金交易費用（需手續費者）
Firstrade（第一理財）	無	無	$6.95	$9.95
Charles Schwab（嘉信理財）	$1000	無	$12.95（前1,000股費用，之後每股$0.015）	$49.95
Scottrade（史考特證券）	$500	無	$7	無法交易基金
E*Trade（億創理財）	$1000	每季$40	$12.99	無法交易基金

			每月前十次交易免費，之後每筆\$4.5（帳戶內須有\$25,000以上資產）	\$10
Zecco	無	無		

* 計價單位皆為美元，實際情況以各券商公告為準

我們可以從上表中看到Firstrade和Zecco有成本上的優勢。其它方面的比較請參考下表：

項目	股息再投資服務	中文化介面	其它特色與優惠
Firstrade（第一理財）	有	有（含中文客服電話與客服信箱）	國際匯款費用補貼
Charles Schwab（嘉信理財）	有	有	老牌券商
Scottrade（史考特證券）	無	有（含中文客服電話與客服信箱）	
E*Trade（億創理財）	有	有	
Zecco	無	無	一個月免費十次股票交易

　　券商為了吸引投資人開戶，各有不同的優惠措施。有的是補貼國際匯款時的匯費，讓投資人不須再擔心匯款到美國的成本。有的是開戶成功就贈送幾次的免費交易。有的則是帳戶內資產超過某一額度後，就可以享有每月十次的免費交易。這些優惠會隨券商政策而改變，實際狀況請

以券商的公告爲準。若想多瞭解這些美國券商也可以連至

其網頁查詢。各券商的網址如下：

Firstrade（第一理財）：

http://www.firstrade.com/public/zh_tw/welcome/

Charles Schwab（嘉信理財）：

http://chinese.schwab.com/public/schwab-us-zh

Scottrade（史考特證券）：http://chinese.scottrade.com/

E*Trade（億創理財）：http://www.etrade-asia.com/

Zecco：http://www.zecco.com/

開戶流程簡介

美國券商的開戶程序可以分成兩部分，一是先在網路頁面填妥相關資料。接著就是寄紙本文件給券商。不用本人親自到美國就可以完成全部開戶程序。細節方面或有不同，但各家券商的開戶程序可說是大同小異。

在這裡作者將以自己曾經實際開戶往來的第一理財（Firstrade）為例，說明一個非居住在美國的外國人（Non-resident alien，譬如一般台灣投資人就屬於非居住在美國的外國人）開立個人帳戶的程序。

想在第一理財（Firstrade）開立新帳戶，請點選此網址進入下圖的頁面：https://pageserve.firstrade.com/public/apply/zh_tw/onlineApp.php

　　如果有人推薦你開戶的話，便可以填入推薦信中的優惠密碼（Promotional code）以獲取某些開戶優惠。如果沒有也沒關係，還是可以進行開戶程序。接下來請回答下方的兩個連續問題，「是否為美國公民」和「是否居住在美國境內」，請依個人情況回答。一般台灣投資人不是美國公民也不居住在美國，答案就是連續兩個「不是」。

　　接下來就會進入帳戶申請表：

帳戶類型及相關選項

您希望開哪一種帳戶？

○ 個人帳戶

○ 共同帳戶 - 生存者取得權

　　　　　　　　請按此處下載其他帳戶類型的申請表格。

請選擇帳戶相關功能。

□ 融資

□ 期權交易

您打算如何將資金存入帳戶？（可多選）

□ 轉入帳戶

□ 電匯

□ 存股票紙

□ 電子轉帳（限由美國銀行轉帳）

□ 支票（限美國銀行支票）

　　　　　網上申請表請用英文填寫　　　　　　　　下一步 ▶

　　看你要開「個人帳戶」或是「共同帳戶」，請勾選。個人帳戶就是你個人持有的帳戶，共同帳戶則可以讓兩人同時持有。而融資與期權交易方面的選項就依個人需求來勾選，若不需要就留白。如何將資金存入選項中，一般會選擇電匯（或其它你可用的管道）。

接下來，**請記得用英文填寫。**

*斜體字*的項目可以不填

個人資料

姓		生日 (月/日/年)	☐ / ☐ / ☐
名		就業狀況	<請選擇> ▾
性別	<請選擇> ▾	國籍	<請選擇> ▾
主要聯絡電話			
備用聯絡電話(可不填)			
電子郵件信箱			

地址

目前居住地址　　　　　　　　　　　☐ **請將帳戶相關信件寄到另一個地址**

國家	<請選擇> ▾
城市	
請提供完整有效地址	
	(請勿使用PO Box郵局信箱)
郵政編碼/郵遞區號	

[清除本頁]　　　網上申請表請用英文填寫　　◀ 上一步　　下一步 ▶

　　在上面頁面中分別填入名字和姓氏，記得要和護照上的一樣。主要聯絡電話的國碼要填886然後看你位於台灣哪裡。如果是台北，就是8862，後面再加上你的連絡電話。台中就是8864，高雄8867，以此類推。號碼中間不要有橫線。備用電話則是可有可無。電子郵件信箱一定要填，因為日後券商將會發送電子郵件確定交易、每月帳戶報表。生日請以西元月日年的方式填入。就業狀況和國籍直接從下拉式選單中選擇即可。

　　地址有兩行，如果第一行不夠寫可以寫到第二行。這是永久居住地址，如果你要用另一個地址來收信，那就勾

選「請將帳戶相關信件寄到另一個地址」，頁面上將會出現欄位讓你填寫。如果不知道居住地的英文地址，可以上郵政總局網站查詢，在下列網址http://www.post.gov.tw/post/index.jsp選擇「常用查詢」中的「中文地址英譯」，很快就可以得到解答。

　　填寫完成後點擊「下一步」按鈕，接下來會出現下圖：

*斜體字*的項目可以不填

工作資料

雇主名稱		國家	<請選擇>
行業		州	<請選擇>
職業	<請選擇>	城市	
工作年數		請提供完整有效地址	
		郵政編碼/郵遞區號	

[清除本頁]　　網上申請表請用英文填寫　　[上一步]　[下一步]

　　假如你是受雇員工的話。那麼申請過程中要填寫雇主的名稱和地址，還有你的工作類型。這些問題的目的只是要確認申請人的工作和美國本土有無關連，如實填入後點擊「下一步」按鈕即可。

相關資料

您或您家中的成員是否為美國上市公司的董事(持有10%或以上股份)或經理人？

○ 否

○ 是。請提供下列資料： 公司名稱 [　　　　　　]
　　　　　　　　　　　 職位 [<請選擇>　　　　　　▼]

您或您家中的成員是否受雇於證券經紀商？

○ 否

○ 是。我將通知並得到法檢部門主管的同意。

投資簡況

美國政府相關法令要求我們在開戶時詢問您的財務資料，以便提供適當的服務。於共同帳戶，請提供我們所有共同申請人的整體財務資料。所有資料將會嚴格保密。

請勾選您的投資目的
(至少選擇一項)

☐ 資本保值

☐ 收入

☐ 資本增值

☐ 投機

請勾選您的投資經驗及知識

○ 無

○ 有限

○ 好

○ 非常好

其他投資經驗 (若無交易請輸入0)

股票交易經驗 [　] 年

期權交易經驗 [　] 年

每年平均股票交易次數 [　]

每年平均期權交易次數 [　]

年收入(美元) [　　　　　]

可變現資產(美元) [<請選擇>　　▼]

淨資產(美元) [<請選擇>　　▼]

收入來源 [<請選擇>▼]

婚姻現況 [<請選擇>▼]

扶養人數 [　]
(包括本人)

　　接著會出現上圖所示，前兩個問題是看帳戶申請人和上市公司或證券商有無關連。一般人直接勾選「否」即可。接下來投資簡況的問題是要看你的投資目標是投機、資本增值、收入、還是資本保值。你的投資經歷如何。這只是一些調查式的問題，還有下方的年收入、個人資產淨值等問題，用美元大略估算一下，利用下拉式選單點選就可以了。全部填完後請點擊「下一步」按鈕。

　　接下來會出現一個畫面列出你填寫的所有資料，請檢視剛才填入的資料正確與否。請仔細確認一次，錯誤的地方可以點擊「變更」按鈕修改。

　　確認無誤後請點擊「下一步」按鈕，之後是出現一份以電子郵件方式接受通知的同意書。以方便、環保和省錢的觀點來看，利用電子郵件接受通知是個很不錯的選擇（紙本成交通知要收錢），閱讀後請點擊「下一步」按鈕。

　　再來又是個同意書畫面。大意是要確認你同意第一理財（Firstrade）的交易規範。同意第一理財的交割公司（Ridge Clearing）為你提供服務，同意日後有爭執時以協調方式處理（美國券商都是這樣）。假如你都認可，請點選同意後點擊「下一步」按鈕。

　　接下來會問你有沒有第一理財的ID和密碼。有的話可以直接依指示取用，如果沒有的話就直接填寫下面密碼和ID的設定。剛註冊的第一天，用新ID和密碼可能還無法登入，這是正常現象。

　　至此線上開戶部分就幾乎完成了。接下來要郵寄三份文件，分別是護照影本、W-8BEN表和電子交易服務合約。後面這兩個表格在開戶的最後畫面有按鈕，按下後就可以印出。或者在第一理財的首頁也有表格下載區http://www.firstrade.com/public/zh_tw/support/formscenter/，你可以找到PDF檔再自行印出。依照表中指示填寫完

成，再加上自己的護照影本，寄到紐約的第一理財總部，
你就擁有一個可以線上交易的美國券商帳戶了。

　　這裡雖然是用第一理財做為舉例，但其實各家券商
的開戶流程相當類似，都是問些相同的問題與寄類似的文
件。讀者可將這裡的範例自行應用於其它券商。

　　至於W-8BEN表格則有必要進行更詳細的解釋。簡
單的說，W-8BEN表格的作用在於宣告與確認該投資人的
外國人身份。美國和不同的國家簽有不同的稅務條約。因
此要在確認投資人的國籍後，美國政府才能依正確的稅務
條約對該投資人進行課稅的動作。

　　假如投資人沒有填寫W-8BEN表格，那麼所有的利
息、股息、資本利得等投資所得，全部會被事先扣下30%
的預課稅款。而對一個台灣投資人來說，美國政府真正需
要課稅的只有美國來源收入這方面的投資收益。所以填寫
並繳交W-8BEN表格絕對是開戶必須。

　　以下將簡單解釋W-8BEN表格的填寫方式。這份表
格總共有三個部分，只要分別把它填完即可。全部內容都
必須以英文填寫。以一個第一次開戶的投資人為例，第一
部分的填寫方式如下：

　　在第一欄填入英文姓名，要和護照中的姓名拼法相
同。第三欄請勾選Individual也就是個人。第四欄填入居
住地址。要將台灣的中文地址翻譯成英文，可使用郵政總

Part I	Identification of Beneficial Owner (See instructions.)		
1 Name of individual or organization that is the beneficial owner 填入姓名			2 Country of incorporation or organization

3 Type of beneficial owner: ☑ Individual ☐ Corporation ☐ Disregarded entity ☐ Partnership ☐ Simple trust
☐ Grantor trust ☐ Complex trust ☐ Estate ☐ Government ☐ International organization
☐ Central bank of issue ☐ Tax-exempt organization ☐ Private foundation

4 Permanent residence address (street, apt. or suite no., or rural route). **Do not use a P.O. box or in-care-of address.** 填入居住地址

City or town, state or province. Include postal code where appropriate. | Country (do not abbreviate)

5 Mailing address (if different from above) 填入收信地址

City or town, state or province. Include postal code where appropriate. | Country (do not abbreviate)

6 U.S. taxpayer identification number, if required (see instructions) ☐ SSN or ITIN ☐ EIN | 7 Foreign tax identifying number, if any (optional)

8 Reference number(s) (see instructions)

局網站「常用查詢」中的「中文地址英譯」功能。假如收信地址和居住地址不同那就要填寫第五欄。相同的話就不用填寫。第6、7、8行可略過不填。

第二部分很簡單，如下圖所示勾選a，再於虛線處填入Taiwan即可。

Part II	Claim of Tax Treaty Benefits (if applicable)

9 I certify that (check all that apply): Taiwan
a ☑ The beneficial owner is a resident of ....within the meaning of the income tax treaty between the United States and that country.
b ☐ If required, the U.S. taxpayer identification number is stated on line 6 (see instructions).
c ☐ The beneficial owner is not an individual, derives the item (or items) of income for which the treaty benefits are claimed, and, if applicable, meets the requirements of the treaty provision dealing with limitation on benefits (see instructions).
d ☐ The beneficial owner is not an individual, is claiming treaty benefits for dividends received from a foreign corporation or interest from a U.S. trade or business of a foreign corporation, and meets qualified resident status (see instructions).
e ☐ The beneficial owner is related to the person obligated to pay the income within the meaning of section 267(b) or 707(b), and will file Form 8833 if the amount subject to withholding received during a calendar year exceeds, in the aggregate, $500,000.

第三部分則是在框選處簽名（英文），並填上日期後（依西元月、日、年填入）就大功告成了。

Part IV	Certification

Under penalties of perjury, I declare that I have examined the information on this form and to the best of my knowledge and belief it is true, correct, and complete. I further certify under penalties of perjury that:
1 I am the beneficial owner (or am authorized to sign for the beneficial owner) of all the income to which this form relates,
2 The beneficial owner is not a U.S. person,
3 The income to which this form relates is (a) not effectively connected with the conduct of a trade or business in the United States, (b) effectively connected but is not subject to tax under an income tax treaty, or (c) the partner's share of a partnership's effectively connected income, **and**
4 For broker transactions or barter exchanges, the beneficial owner is an exempt foreign person as defined in the instructions.
Furthermore, I authorize this form to be provided to any withholding agent that has control, receipt, or custody of the income of which I am the beneficial owner or any withholding agent that can disburse or make payments of the income of which I am the beneficial owner.

Sign Here ▶ 英文簽名
Signature of beneficial owner (or individual authorized to sign for beneficial owner) | 填入日期
Date (MM-DD-YYYY) | Capacity in which acting

　　要特別注意的是，W-8BEN表格是有時效性的。以一般剛開戶，沒有美國個別納稅人識別碼的海外投資人來說，這個表格的時效性在該表簽名日期後第三年的最後一天前有效。譬如某投資人是在2009年6月1日簽下W-8BEN，那麼這張表格便是在2012年12月31日前有效。W-8BEN效用過期後，投資人應再重寫一張寄給海外券商，以確保自己的外國人身份。

匯款流程簡介

　　利用美國券商進行投資還需要一個程序，就是要將資金匯到美國，還有在必要時將錢匯回台灣。這裡將對這些程序做一些簡單的說明。

　　美國券商是以美元做為交易貨幣，所以台灣投資人要匯到美國券商的錢就必須是美元。投資人可以在台灣的銀行開立外幣帳戶，然後自行以台幣兌換成美元存於外幣帳戶。等到資金累積足夠想要匯到美國券商了，再去銀行辦理匯款。

　　這是一種跨國匯款業務，各銀行皆可辦理。一般來說，美國券商提供的匯款地址資料會像下方所示（以第一理財的資料為例）：

Bank of New York

#1 Wall Street

New York, NY 10286

ABA#: 021000018

Account Name: Ridge Clearing

Account#: 8661169975

Further Credit To:

Firstrade Account Name(s)（帳戶持有人姓名）

Firstrade Account #（帳戶持有人在美國券商的帳戶號碼）

海外銀行匯款請用SWIFT碼：IRVTUS3N

　　我們把它分別拆解解釋它的意義。首先是這段：

Bank of New York

#1 Wall Street

New York, NY 10286

ABA#: 021000018

　　Bank of New York（紐約銀行）就是匯款的目的地。
接下來的#1 Wall Street（華爾街一號）等字是這家銀
行的地址。最後的ABA字樣是美國銀行協會（America
Bank Association）的縮寫，後面的數字就是該銀行在美
國銀行協會的編碼。

　　接下來是這段：

Account Name: Ridge Clearing

Account#: 8661169975

　　這代表錢匯入的帳戶名，是該券商的清算公司Ridge
Clearing的帳戶。美國券商的客戶資金保管是在一個銀行
總帳戶之下，再以客戶個人的名義分別管理。

　　最後是這段：

Further Credit To:

Firstrade Account Name(s)（帳戶持有人姓名）

Firstrade Account #（帳戶持有人在美國券商的帳戶號碼）

海外銀行匯款請用SWIFT碼：IRVTUS3N

　　這部份塡的就是帳戶持有人的資料。因爲匯入資金是帳戶持有人的，所以要標明持有人的姓名和帳戶號碼，這樣券商才知道這筆錢要歸屬在誰的名下。SWIFT碼是各銀行之間進行國際匯款業務的一個識別碼。在這裡的SWIFT碼正是Bank of New York（紐約銀行）的國際識別碼。

　　一般來說，在一般工作天於台灣的銀行進行匯款，當天晚上就可以看到匯入的資金出現在美國券商的交易頁面中了。

　　在台灣的銀行辦理國際匯款時，可以選擇要發一通或是兩通電報。簡單的說，如果只發一通電報，那麼資金在從台灣的銀行轉到美國目的銀行的途中，還會經過中間一家轉手銀行，簡稱中轉行。中轉行會再收取一筆費用，將直接從你匯出的款項中扣取。假如你無法事先確定會經由那家中轉行，那便無法知道會被收取多少費用。一般來說，中轉行可能收取15到25美元不等的費用。

　　選擇發兩通電報的話，匯款人必須多付一通電報費，但可以免除中轉行所收的費用，讓你匯出的資金全額到

達。一般來說，假如電報費不是過於高昂以致超過中轉行所收取15到25美元費用的話，那麼以兩通電報方式匯款會是比較好的選擇。

某些銀行的網路銀行介面即可設定及進行國際匯款作業，實際情形依各銀行規定。

以下將簡單介紹如何以國際電匯的方式，把海外券商帳戶的錢匯至台灣，一樣以第一理財為例。

首先連到券商的表格中心http://www.firstrade.com/public/zh_tw/support/formscenter/，在下方表格選單中選擇「帳戶存款及資金轉移表格」，點選「匯出款授權表格」印出。**請注意，表格請全部用英文填寫。**

如下圖所示，第一欄是申請人資料，請填入你的帳戶資訊，包括帳戶號碼、姓名、地址和電話號碼。

---

1. Firstrade Account Information 第一理財帳戶資料

Firstrade Account Number 第一理財帳戶號碼 　　　　Firstrade Account Name(s) 第一理財帳戶姓名

Address 住址 　　　　Daytime Telephone Number 日間聯絡電話

City, State, Postal Code & Country 城市、州、郵遞區號及國家

下圖所示的第二欄一開始是要填寫匯出給券商的金額（圖中方框欄位），請直接以阿拉伯數字填寫。接下來是台灣這邊的收款銀行資料，包括收款銀行名、地址和SWIFT碼。台灣這邊的銀行除非剛好也是美國銀行協會

（American Bank Association）成員，不然不會有ABA碼。一般只需填入SWIFT 碼即可。這個代碼可以向各銀行查詢。

　　中間的中介銀行可以省略不填。

　　最後要填入你在台灣這邊收款銀行的帳戶資料，包括姓名和帳戶號碼。最後在文件的末端簽名。

這份文件可以在掃描後以電子郵件寄給美國券商，也可以傳眞或郵寄給他們。券商收到申請文件後就會進行處理，並會對匯出款項的服務收取費用，一般是從留在帳戶中的資金扣除。

美國基金交易與台灣的不同

　　透過海外券商投資美國註冊基金的費用如何呢？一般來說，美國券商會將販售的共同基金分成三大類，分別是有佣基金（Load fund）、免佣基金（No-load fund）和免交易手續費基金（No transaction fee fund）。

　　我們可以先依佣金的有無將基金分成兩大類，就是有佣和免佣基金。

　　有佣基金的佣金可能在購買時收取，稱為前收型。也可能在賣出時收費，稱為後收型。佣金以投資金額的百分比來計算，譬如5％。在台灣販售的基金不管是境內還是境外，幾乎都是有佣基金。

　　而免佣基金就是沒有佣金。投資人不需要付出投資金額某百分比的金額做為佣金。

　　既然我們可以依佣金的有無把基金分成有佣和免佣基金。那美國券商所販售的第三種基金，免交易手續費基金，又屬於那個類別呢？

　　券商列出的免交易手續費基金全部都是免佣基金，所以它們也是免佣基金的一種。那它們為什麼要獨立列出

呢？因爲它們除了免佣之外，還免交易手續費。這麼說來，如果不是列在免交易手續費類別的免佣基金，便是要收取交易手續費的囉？沒錯，正是如此。

一般美國民眾直接找基金公司開戶，在買進免佣基金時是完全不用付出佣金，也不用付出手續費。但我們這些國際投資人必須透過券商才能買到美國基金，而券商居間仲介就要收取費用，因此形成買賣某些免佣基金要付出手續費的狀況。

但投資朋友千萬不要以爲券商賣出免交易手續費基金是在做白工，他們必然會爲這份服務收取些費用。所以如果券商不是在你買賣時收取手續費，那麼基金公司必然會貼補券商，讓他們賣出這些基金仍是有利可圖。而基金公司出的錢其實就是間接由投資人的口袋中拿出。投資人應該對這種狀況有所瞭解。

我們一項項來看有佣基金、免佣基金和免交易手續費基金的交易成本。以下費用結構皆以第一理財爲例。（實際收費標準，請以券商公告爲準）

（1）有佣基金（Load fund）

＊ 單筆投資

會在買進時收取投資金額的某百分比爲佣金（前收型有佣基金）。至於會是百分之多少則要看基金公司的規

定。通常金額愈大，百分比率愈小。譬如一萬美元以下收取5%，一萬到五萬美元3%，十萬美元以上1%。

很重要的一點是，這些基金收取的佣金是採內扣方式，和台灣的外扣不同。譬如你單筆投資10,000美元，佣金要收4.5%，那麼你這10,000美元將會被扣下450美元，剩下的9,550美元才是真用來買基金的錢。在台灣，假如10,000元投資需要4.5%佣金，那麼這4.5%是以另外再付450元的方式給付。另外，有佣基金買入不必付出交易手續費。

賣出時，假如是後收型有佣基金會被收取佣金。通常後收型佣金的收取是以原始投資金額和投資現值中取其低者做為計算基準。

譬如原始投資一萬，現值九千，那就用九千元來計算佣金。或是原始投資一萬，現值一萬二，那便會用一萬元來計算佣金。實際計算方式以各基金公司規定為準。另外，有佣基金賣出不必繳交交易手續費。

＊ 定期定額

買進時，前收型有佣基金仍需收取一定百分比的佣金。有佣基金買入則不必再支付交易手續費。

賣出時，後收型有佣基金會被收取佣金。另外，有佣基金賣出也不必繳交交易手續費。

（2）免佣基金（No-load fund）

＊ 單筆投資

買進時不收取佣金。但每筆交易不論金額大小，都要收取9.95美元的交易手續費（Transaction fee）。賣出時也不會有佣金的問題。但每筆賣出同樣要收取9.95美元的交易手續費。

＊ 定期定額

買進時，不收取佣金也不收交易手續費。賣出時，不收佣金但要收取每筆9.95美元的交易手續費。

（3）免交易手續費基金（NTF fund）

＊ 單筆投資

無論買進還是賣出，皆不收取佣金也不收取交易手續費。

＊ 定期定額

無論買進還是賣出，皆不收取佣金也不收取交易手續費。

總結來說，交易成本是免交易手續費基金＜免佣基金＜有佣基金。

假如你是注重成本的投資人，你會把眼光放在交易成本低廉的基金。不過交易成本只是基金投資的成本之一，

屬於一次性費用。因此投資人應該注意另一個成本，持續性費用，也就是基金的總開銷比率。

除了費用結構之外，投資美國註冊基金還有幾點與台灣不同的地方：

（1）要先單筆投入後才能定期定額

美國註冊基金通常會要求投資人對該基金有過初始投資之後，才能開始定期定額。而初始投資最低金額要求依各基金公司規定有所不同。譬如前面所述的 Vanguard 指數型基金，最低初始投資金額要求常是 3,000 美元。投資人至少要進行過一次金額在 3,000 美元以上的單筆投入之後，才能開始對該基金定期定額。定期定額的最低金額要求則通常是 100 美元。

（2）成交價

不論你在台灣什麼時候下單買賣美國註冊基金，成交價都是以下一個結算淨值計算。譬如你在台灣時間晚上11 點下單買基金，那麼成交價就是台灣凌晨美國交易日結束後結算的淨值。假如你在星期日下單，那麼成交價就是美國星期一收盤後結算淨值。不用想得太複雜，只要記住是**下一個**淨值做為成交價就好了（基金每天結算一次淨值）。

（3）配股配息

美國註冊基金在配息時，都是直接配發金錢而不配

股。要獲取股份的話，必須執行股息再投資（有的券商可以免費幫投資人自動執行配息再投資）。

你知道嗎？誰要買有佣基金？

美國市場同時具有有佣和免佣基金，那麼美國人是如何選擇的呢？我們可以看一下來自Investment Company Factbook的資料。

年度	有佣基金	免佣基金
2001年	45	71
2002年	20	102
2003年	48	126
2004年	44	130
2005年	29	145
2006年	33	170
2007年	21	177

這張表格顯現了美國基金投資人從2001到2007這七年間，每一年度投入有佣和免佣基金的金額，單位是十億美元。

我們可以看到投入免佣和有佣基金的比例，從2001年的3：2增加到2007年的8：1。也就是說，到了2007年美國人平均每8元投入免佣基金，才有1元投入有佣基金。免佣基金已經是大多數人的選擇。

那麼台灣金融業者有提供免佣基金嗎？這些來台灣賣

基金的國際基金業者會不知道美國有免佣基金，而且美國人大多在買免佣基金這件事嗎？

然而台灣為什麼買不到免佣基金？往往只給個「零手續費」活動（正確說法應該是零佣金）就好像是給投資人什麼超級優惠一樣。答案顯而易見。

免佣金，那就是沒有佣金，那麼代銷機構要靠什麼賺錢呢？

筆者一直覺得，台灣已經引進八九百支境外基金卻沒有一支免佣基金，是一件很不公平的事。2007年，台灣平均家庭年收入約110萬台幣，同期美國平均家庭年收入則約5萬美元。當平均收入是台灣民眾1.5倍的美國人買基金早就可以免佣時，台灣人還在算買基金要打幾折，這是什麼狀況？

美國股票（ETF）交易與台灣的不同

（1）開立券商戶頭即可交易

有在台灣證券商開戶交易的朋友都知道，除了券商戶頭之外，還必須開立一個與券商合作的銀行帳戶，日後買賣股票的錢都將從這個銀行帳戶轉出轉進。

但美國券商不同，投資人只需要在券商開戶就可以交易。現金餘額會自動存放在與該券商合作的銀行，投資人不需要另行開立美國銀行帳戶。

（2）最小成交單位不同

透過美國券商買賣股票和ETF，成交單位是1股。你可以視自己資金的多寡決定買入的股數。譬如某天你想在某支ETF投入3,000美元，而該ETF當天成交價在每股30美元左右，那麼你可以將3,000元美元全部投入，下單買入100股。

（3）交易時間不同

美國股市交易時間是當地上午九點半到下午四點。

在美國實施夏令節約時間時，約等於台灣時間晚上九點半至凌晨四點，在其它時候則等於台灣晚上十點半到凌晨五點。

（4）股票代號不同

　　台灣的股票和ETF代碼都是四位數字，但美國證券市場的股票和ETF代號則是一到四個字母不等的英文縮寫。譬如Vanguard歐洲股市指數ETF，代號就是VGK，而巴克萊資產管理發行的國際公債ETF（International Treasury Bond Fund）代號則是IGOV。在券商下單或是查詢相關資訊時常會使用這些縮寫的英文代號。

海外券商ETF下單解說

（1）基本介紹

在美國券商買賣ETF和買賣股票的下單方式是完全相同的。這裡介紹四種最常見的下單類別：

* **市價單**（Market Orders）

藉由市價單，投資人可以請求券商以目前市場上最好的價格進行買賣。買進是以目前市場上最低可以買進的價格。賣出則是以目前市場上最高可以賣出的價格。

* **限價單**（Limit Orders）

在限價單中投資人會自定一個價格，請券商以小於或等於這個數字的價格買進股票，或是以大於或等於這個數字的價格賣出股票。

譬如你想買進新興市場ETF，VWO。你覺得現在每股22美元有點貴，你想在21美元買進，你就可以下一張每股21美元的限價單。那麼只有當成交價低於每股21美元時，你這張單才有可能成交。

這張單的有效期間通常可以調整，視券商提供的選項而定。通常會有「當日有效」、「某某天有效」和「取消前

皆有效」等選擇。

＊ 停損單（Stop Orders or Stop-Loss Orders）

　　停損單的定義要請投資人特別留心，**它是一個市價單**，當股價觸及投資人事先設定的價碼，就會開始執行的市價單。因爲它常被用來賣出股票，所以又叫停損單。以下面實例來解說會比較清楚。

　　譬如你在每股10元時買進某股，過了一段時間漲到每股30元了。你對獲利感到滿意，並且覺得前景看好，應該會繼續上漲，想要繼續持有，但又怕不可預期的事件造成股價重挫，獲利全部吐回。所以你就下了25元的停損單。一旦股價下挫到25元，這張停損單就會生效，以當時市場上最好的價格賣出股票。但成交價格不一定會是你當初設下的25元。

　　以上三種股票訂單是最常見的基本類型。還有一種結合停損單（Stop order）和限價單（Limit order）兩者特點的Stop-limit order。

　　簡單來說，Stop-limit order就是當股價觸及某一特定價位時開始生效的限價單。下面舉個例子來解說會比較清楚。

　　譬如你想在某家公司股票表現出明顯向上動能後買進。當漲到每股20元以上你就會想買，而買進的價格在21元以下都可以接受。那麼你就可以下一張Stop-limit

order。觸發價格設在20元，而limit的部分則設在21
元，那麼當股價一旦到達20元，只要有在21元以下的成
交價，券商就會幫你買進。

（2）實例解說

以下以某家券商的交易畫面解說如何下單買賣ETF。

先選擇交易類型，看你是要單純的買進、賣出或是你
有融資融券帳戶，要進行賣空或賣空補回。

在「股數」這欄填入你要買進的股數。請注意，美國
股市與ETF交易單位是1股。

再來填入代號。ETF有ETF的代號，股票有股票的
代號。下單前要先查清楚，鍵入英文要正確，免得差一個
字母就買到不一樣的東西了。

價格方面要看投資人想要哪種下單類別。使用限價和
停損價時，必須再填入希望的限價和停損價分別是多少。

最後在有效期間、帳戶類別和其他條件方面，在下拉
式選單中選擇自己希望的條件。然後按檢視，確認無誤後

點擊「下單」按鈕就可以了。

下單畫面每家券商或有不同，但基本需要填入的資料可以說是幾乎完全相同。

美國投資退稅申請

投資所得一般可以分成兩種類型。

一種是資本利得（Capital gains）。譬如你某支股票在每股10元時買進，以每股20元賣出，那麼這個價差就是資本利得。ETF或基金也是同樣的情況。債券賺得的價差仍然也屬於資本利得。

在資本利得方面，只要你提出有效的W-8BEN表格，那麼國際投資人透過美國券商投資是不需要課稅的。

第二種投資所得是配息（Interests、Dividends、Distributions）。譬如某支股票每股配發1美元的股息，那麼這個所得就是股票配息。ETF、基金或債券配息，也都屬於配息所得。

透過美國券商投資，配息所得幾乎都會預先扣掉30%的稅。但不是所有投資標的的配息都真的要課稅。只有美國來源的配息要課稅，譬如美國公司股票的配息，或是投資美國債券和美國公司股票的ETF和基金的配息才要課稅。非美國來源的配息是不用課稅的。

我們來看幾個例子。

　　如果你透過美國券商持有可口可樂的股票。假設它進行每股1元的配息。美國政府會課30%，也就是0.3元的稅，讓投資人拿到每股0.7元的配息。因為這份配息是來自美國公司，所以台灣投資人必須繳付30%的稅，這預扣的稅額將無法以報稅方式取回。

　　如果你持有Vanguard全美國股市ETF。假如它進行每股0.6元的配息。美國政府一樣先課30%，也就是0.18元，讓投資人拿到每股0.42元的配息。因為ETF配息的錢來自美國公司，所以台灣投資人必須繳付30%的稅，這預扣的稅也一樣不能以報稅方式取回。

　　如果你持有Vanguard的歐洲股市ETF，它配息了。美國政府會先對這份配息課以30%的稅款，讓你拿到70%。但其實這支投資歐洲公司的ETF，配息來源是歐洲不是美國。所以你將可以用報稅的方式取回美國政府預課的稅款。

　　在前面介紹的各種買賣美國掛牌交易的ETF管道中，美國券商這個管道是唯一可以藉由報稅取回溢課稅款的管道。透過國內券商複委託、國內銀行委託交易或是投資型保單買ETF，恐怕都無法取回非美國來源配息被課徵的稅款。

　　至於如何向美國政府報稅取回被預課的非美國來源的配息，則非本書重點。想要深入瞭解的讀者還煩請參

閱筆者部落格中的稅務相關文章。綠角財經筆記：http://greenhornfinancefootnote.blogspot.com/

你知道嗎？註冊在免稅天堂的基金不是一切免稅！

　　國內販售的海外基金，有許多是註冊在所謂的免稅天堂，譬如盧森堡等地。這種免稅天堂的稱謂常會讓基金投資人以為自己可以拿到免稅收益，事實則不然。

　　免稅天堂指的是，當地註冊的基金在配發收益給投資人時，不必再進行課稅。譬如盧森堡的註冊基金在配息給投資人時，盧森堡政府將不會再課稅。但這並不代表這支基金的所得都是免稅的。

　　譬如台灣股市的國外參與者，在拿到台灣上市公司的現金股息時，會被台灣政府課20%的稅。假如有支盧森堡註冊的新興市場基金有投資台灣股市，而且從台灣上市公司拿到現金配息，那麼這支新興市場基金所拿到的配息一樣會被台灣政府課稅，基金和基金投資人拿到的，其實都是稅後配息。只不過盧森堡政府不會對基金配息再課一次稅罷了。

　　同樣的道理，註冊在盧森堡等免稅天堂，以美國、法國、德國、日本等國家為投資標的基金，在拿到這些國家的證券所衍生的配息時，也都會依該國規定進行課稅。因此盧森堡基金拿到再配發給投資人的，都是稅後收益。

　　有了這點瞭解後，就可以知道美國稅務環境對台灣基金投資人來說，並不會輸給盧森堡等所謂的免稅天堂。對於來自美國以外國家的收入，美國政府雖然會先預扣30%的稅款，但可以藉由報稅取回，等同是免稅。而來自於美國證券的收益，美國政府一律都會課稅，不論你是來自台灣的海外投資人或是來自盧森堡的境外基金都一樣。

　　很多剛接觸美國券商這條管道的投資朋友常覺得美國政府課30%很多。其實可以換個角度想。目前美國股市平均的股票殖利率約是2.6%，美國政府課30%，等同是每年拿掉投資人0.78%的收益。但是台灣常見的股票型境外基金，僅僅是經理費就要1.5%了，每年吃掉投資人至少1.5%的收益。兩相比較，你會發現1.5%居然比30%的稅要重了許多，因為前者是你總資產的1.5%，後者則是配息的30%。而且境外基金投資美國，一樣會被美國政府課稅。透過美國券商買低成本的基金，將會比購買台灣這些高收費基金省下更多投資成本。

海外券商與國內投資管道成本比較

　　瞭解並使用美國券商這個管道投資，最明顯的優勢就在於成本的節約。我們可以做個簡單的比較。一方面是透過美國券商買進Vanguard歐洲股市ETF（Vanguard European ETF，代號VGK），另一方面則是透過國內管道（譬如銀行）買進歐洲股市基金。假設投資額是三萬美元，一次投入，投資期限爲三年，我們可以比較兩者的費用差異如下表：

費用類別	美國券商	國內銀行
買進手續費（佣金）	$7（使用折扣券商）	$360（前收型，假設3%打4折）
賣出手續費（佣金）	$7	無
信託保管費	無	$180（每年0.2%）
基金（ETF）內扣費用	$162（總開銷比例0.18%）	$1,350以上（經理費1.5%）
匯款費用（含匯出匯回）	$60（估計值）	無
總計	$236	$1,890

＊ 以上單位皆爲美金

　　這樣三年下來，兩者的成本差距爲1,890減236，等

於1,654美元，以1美元兌32.5台幣的匯率計算，約值
5萬4千台幣。一筆3萬美元的投資可以省下1,654美元
的費用，就等於確保了5.5%的績效優勢。看了這樣的比
較，投資朋友應該就可以清楚知道，為什麼美國券商是值
得考慮的投資管道。低成本的管道將讓指數化投資的優勢
發揮得淋漓盡致。

http://www.booklife.com.tw   inquiries@mail.eurasian.com.tw

Happy Fortune 012

股海勝經——No.1財經部落格主的指數化投資法

作　　者／綠角
發 行 人／簡志忠
出 版 者／如何出版社有限公司
地　　址／台北市南京東路四段50號6樓之1
電　　話／（02）2579-6600・2579-8800・2570-3939
傳　　真／（02）2579-0338・2577-3220・2570-3636
郵撥帳號／ 19423086　如何出版社有限公司
總 編 輯／陳秋月
主　　編／林振宏
專案企畫／賴真真
責任編輯／吳靜怡
美術編輯／劉語彤
行銷企畫／吳幸芳・范綱鈞
印務統籌／林永潔
監　　印／高榮祥
校　　對／綠角・林振宏・吳靜怡
排　　版／莊寶鈴
經 銷 商／叩應有限公司
法律顧問／圓神出版事業機構法律顧問　蕭雄淋律師
印　　刷／祥峰印刷廠
2009年9月　初版
2011年7月　12刷

定價 260 元　　　　ISBN 978-986-136-220-5　　　版權所有・翻印必究

有了正確的知識，卻不付諸行動，完全沒有意義。

吃正確的食物、養成好的生活習慣、多喝好水、充分休息、

適度運動、時時保持幸福愉悅。

擁抱不生病的生活，隨時開始，永不嫌遲。

—— 《不生病的生活》

想擁有圓神、方智、先覺、究竟、如何、寂寞的閱讀魔力：

◪ 請至鄰近各大書店洽詢選購。

◪ 圓神書活網，24小時訂購服務

　 免費加入會員·享有優惠折扣：www.booklife.com.tw

◪ 郵政劃撥訂購：

　 服務專線：02-25798800 讀者服務部

　 郵撥帳號及戶名：19423086　 如何出版社有限公司

國家圖書館出版品預行編目資料

股海勝經 —— No.1財經部落格主的指數化投資法
／綠角著 . -- 初版. -- 臺北市：如何，2009.09
　 272 面 ；14.8×20.8公分. -- (Happy fortune；12)

　　 ISBN：978-986-136-220-5（平裝）
　　 1. 投資

563.5　　　　　　　　　　　　　　　　98011976